新时代高校思政育人体系建设研究

连那 著

吉林大学出版社
·长春·

图书在版编目（CIP）数据

新时代高校思政育人体系建设研究 / 连那著.
-- 长春：吉林大学出版社，2021.11
　　ISBN 978-7-5692-9702-7

　　Ⅰ.①新… Ⅱ.①连… Ⅲ.①高等学校—思想政治教育—教学研究—中国 Ⅳ.① G641

中国版本图书馆 CIP 数据核字 (2021) 第 252463 号

书　　名	新时代高校思政育人体系建设研究
	XINSHIDAI GAOXIAO SIZHENG YUREN TIXI JIANSHE YANJIU
作　　者	连那 著
策划编辑	董贵山
责任编辑	董贵山
责任校对	张宏亮
装帧设计	王　斌
出版发行	吉林大学出版社
社　　址	长春市人民大街 4059 号
邮政编码	130021
发行电话	0431-89580028/29/21
网　　址	http://www.jlup.com.cn
电子邮箱	jldxcbs@sina.com
印　　刷	天津和萱印刷有限公司
开　　本	787mm×1092mm　1/16
印　　张	11.25
字　　数	200 千字
版　　次	2022 年 5 月　第 1 版
印　　次	2022 年 5 月　第 1 次
书　　号	ISBN 978-7-5692-9702-7
定　　价	72.00 元

版权所有　　翻印必究

前　言

在新时代，构建内涵目标、过程等都全面丰富的高校思政育人体系，是适应世情、国情对高等学校人才培养提出的新要求，是立足国家政策文件和高等学校实践，推进高等学校思政育人工作一体化发展的必由之路，是提高我国高等学校人才培养素质、完善高等学校人才培养体系、提高社会主义高等学校的国际影响力的有力手段。当前，高校思政育人体系整体建构虽然取得了一定的成效，但同时也存在一定的问题。我们必须从强化立德树人的价值导向，明确挖掘育人资源的主要任务，加强高校与辅导员的协同合作，加强高校思政课教师队伍建设，构建家庭、社会、学校联动育人体系，构建课程思政协同思政课程全方位育人体系，促进学生心理健康教育与思政育人体系相结合等方面入手，构建高校全方位思政育人体系。

本书第一章内容为思政教育概述，主要从三方面的内容进行了论述，分别是相关概念界定、高校思政教育的特征、高校思政教育的原则。本书第二章内容是高校思政育人体系建设研究，分别从高校思政育人体系概述、高校思政育人工作的理论基础与政策依据、高校思政育人体系建设的时代特征与价值这三个方面展开论述。本书第三章内容是新时代高校思政育人体系构建面临的困境，分别从新时代高校思政育人体系取得的成效、高校思政育人体系面临的困境、高校思政育人体系面临困境的原因这三方面进行详细分析。本书第四章内容是新时代高校思政育人体系构建，包括高校思政教育体系建设的原则与内容、新时代高校思政育人体系构建策略这两方面。本书第五章是新时代高校思政教学的改革与发展趋势，包括高校思政教学模式的改革，以及新时代高校思政教学的发展趋势这两方面的内容。

在撰写本书的过程中，笔者得到了许多专家学者的帮助和指导，参考了大量的学术文献，在此表达真诚的感谢。本书内容系统全面，论述条理清晰、深入浅出，但由于笔者水平有限，书中难免会有疏漏之处，希望广大同行及时指正。

作者

2021 年 8 月

目 录

第一章 思政教育概述 … 1
- 第一节 相关概念界定 … 1
- 第二节 高校思政教育的特征 … 14
- 第三节 高校思政教育的原则 … 17

第二章 高校思政育人体系建设研究 … 27
- 第一节 高校思政育人体系概述 … 27
- 第二节 高校思政育人工作的理论基础与政策依据 … 35
- 第三节 高校思政育人体系建设的时代特征与价值 … 42

第三章 新时代高校思政育人体系构建面临的困境 … 51
- 第一节 新时代高校思政育人体系取得的成效 … 51
- 第二节 高校思政育人体系面临的困境 … 56
- 第三节 高校思政育人体系面临困境的原因 … 73

第四章 新时代高校思政育人体系构建 … 75
- 第一节 高校思政教育体系建设的原则与内容 … 75
- 第二节 新时代高校思政育人体系构建策略 … 82

第五章 新时代高校思政教学的改革与发展趋势 … 127
- 第一节 高校思政教学模式的改革 … 127
- 第二节 新时代高校思政教学的发展趋势 … 137

参考文献 … 169

第一章　思政教育概述

本章针对思政教育进行了概述,首先,对相关概念进行界定,包括"思政课""思想政治教育",以及"三全育人"理念;其次,论述了高校思政教育的特征,以及高校思政教育的原则。

第一节　相关概念界定

一、思政课

(一)思政课的含义

高校思想政治理论课,简称思政课。这不仅是一门大学必修课程,还是帮助大学生树立正确的世界观、人生观、价值观的重要途径,因为它关系到我国的高等教育究竟培养什么样的人、如何培养人,以及为谁培养人的根本问题。思想政治教育理论课在各类大学的教育中的具体表达形式,是以综合与通识教育模块中的思想政治理论类课程出现的。因此,"思政课程"既是课程德育中系统进行思想政治教育的课程,也是课程德育的主要输出方式和大学生思想政治教育的主要来源。

教育是国之大计、党之大计,承担着立德树人的根本任务。高校思想政治教育工作面临的环境愈加复杂,单纯依靠思想政治理论课或是课程德育,已很难适应思想政治教育的现实发展需求,也不利于"立德树人"目标的实现。所以高校思想政治理论课改革的对策研究进入了高校"课程思政"建设的对策研究新时代,"课程思政"的理念与实践应运而生。

（二）新时期思政课的功能

思想政治教育作为一种社会现象，一种社会实践活动，与社会系统之间存在着密切的关系，具有明显的社会性。思想政治教育既受社会的制约，也对社会发挥能动作用。思想政治教育作为社会治理的重要途径，在这一背景下要充分发挥其社会性功能，彰显其社会性，实现其社会性价值。

1. 根本性社会功能

思政课教学的过程就是以马克思主义为指导，帮助大学生形成马克思主义的立场、观点等的过程，亦即是培育和弘扬社会主义核心价值观的一个实践过程，这个实践过程毫无疑问需要理论的指导。这一教学基本范畴的构建状况与教学的发展状况和水平有着密不可分的关系，它是思政课教学规律的展开和体现，可以通过在对这一规律学习掌握的基础上，更好地发挥大学生和高校教师的主观能动性，促进学生树立社会主义核心价值观的决心和自觉性，使这一价值观在教学过程中得到更好的培育与弘扬发展。而学生自觉树立这一价值观的成熟度与对思政课教学展开研究的广度和深度息息相关，基本范畴的研究直接影响其理论体系的构建，而学生价值观的形成与其对知识理论的认知、坚信有着重要联系，学生对马克思主义理论的认知和认可度越高，其对社会主义核心价值观的认知也就越高，价值观的培育和弘扬工作的完成度也就越高。思政课教学不断改革发展，其教学实践活动的形式和内容就越来越多元化，教学的针对性和实效性的要求不断提高，不同基本范畴在体系中的位置和作用也会相应发生变化。所以，高校思政课教学理论体系会随着思政课教学基本范畴的变化和发展，不断变化和丰富，并向着更高层次和水平发展。思政课教学基本范畴的构建方式和教学理论体系的构建方式也是相互影响的。

2. 具体性社会功能

思想政治教育功能被理解为思想政治教育的职能、价值等。就把思想政治教育功能理解为思想政治教育职能来说，陈秉公首先提出思想政治教育职能的概念并指出："思想政治教育职能包括根本性职能和具体性职能。根本社会职能包括：为政治斗争服务，为生产斗争服务，为塑造人格服务；具体性社会职能包括：灌输、转变、调节、激励。"① 苏振芳则认为："思想政治教育的职能包括五个方面，即灌输、转变、调节、凝聚、激励。这五个方面在某种程度上就是指思想政治教育

---

① 陈秉公.思想政治教育学原理[M].沈阳：辽宁人民出版社，2006.

的功能。①"

3. 保障性教育功能

（1）保障大学生和高校教师顺利、高效地完成教学任务

思政课教学基本范畴作为指导思政课教学的最基本的指导理论，其最重要的功能就是保障大学生和高校教师顺利、高效地完成思政课的教学任务。它能够使教师更加深刻地掌握这项教学实践活动的本质和规律，能够帮助学生更好地掌握教学内容，达到预定的教学目标和教学要求，从而取得良好的教学效果。

思政课教学基本范畴研究是我们认识该课程教学实践活动本质与规律的基础。人们如果需要弄清楚真理，首先要知道什么是范畴，并用范畴去认识客观事物。思政课教学基本范畴本身是思政课教学领域中，经过科学抽象和高度概括后的概念。人们通过对思政课教学的基本范畴展开研究，树立正确的、科学的范畴体系，能对教学实践活动有更深层次的认识，有助于揭示研究对象的本质和规律，对大学生和高校教师顺利、高效地完成教学任务有重要的保障作用。

（2）保障大学生树立正确的理想信念

通过思想政治理论课教学可以使学生完整地、准确地、科学地理解和把握马克思主义的科学理论，避免对马克思主义理论零碎的、片面的、肤浅的理解，同时也可以避免或减少某些学生用个别结论、现象代替或否定马克思主义的价值立场和真理性等。通过思政课教师用科学的方法向学生讲授思想政治理论这一科学的内容，可以引导学生对科学世界观和方法论的掌握，提高其在实践中运用马克思主义的立场、观点进行分析和解决实际问题的能力，并在实际运用过程中不断加深对马克思主义理论的理解，从而牢固树立正确的理想信念。

（3）保障提高大学生的思想政治觉悟及坚定正确的政治方向

认识要想达到主客观一致，需要走一条曲折的道路。范畴是通过思维逻辑对具体的现象进行抽象化，而其功能则是把抽象的概念具体化，用以指导实践，实际就体现了"抽象"的规定在思维行程中导致具体的再现。换句话说，这一教学基本范畴就是从逻辑层面展现了教学过程的系统性和整体性，从而构成教学理论的基础。思政课教学基本范畴有对这门课程的教学实践活动及相关的理论知识理论进行规范的功能，它是思维从抽象上升到具体的通道。因此，要对思想政治理论课教学理论进行规范，保障大学生提高思想政治觉悟及坚定正确的政治方向。

目前，随着教学手段的不断发展，实践活动内容多样，形式各异；教学基本

---

① 苏振芳.思想政治教育学[M].北京：社会科学文献出版社，2006.

范畴作为教学的理性认识和基本理论单元，教学的每一环节产生、变化、发展的基础，对教学中的诸要素的位置、作用都有明确的规定。它对教学的指导作用，是教学效果和目的达成的保障。其在思政课教学开始前对教师所采用的教学方式方法也具备指导作用。基本范畴也是教学方向的重要影响因素，它要保证教学内容和对学生思想的引导方向是正确的，与马克思主义所提倡的思想、政治、价值观念保持一致性，保证对大学生培养的是正确价值理念和政治方向。通过对思政课教学范畴的研究探索，有助于学生更好地掌握这门课程教学的理论知识，对提高大学生的思想政治觉悟及坚定正确的政治方向有保障作用。

（三）新时期思政课的地位

1. 思想政治教育能培养、塑造社会主义一代新人

思想政治教育作为上层建筑，是为现代化建设服务的，是实现我国现代化的根本政治保证，也是提高经济效益的重要保证。思想政治教育能够充分调动人民群众的积极性。毫无疑问，大学生是建设我国社会主义现代化的重要力量。而大学生人才并不是天生的，而是经过后天培养的。

无论是在我国民主革命时期，还是在社会主义建设时期，我们党通过马克思列宁主义和毛泽东思想哺育了一大批伟大的共产主义者和党的先进人物，他们为我们党和国家谱写了伟大而又光辉灿烂的篇章。

事实证明，思想政治教育能够不断为我们培养和造就出共产主义一代新人，我们应该加强思想政治教育，继续培养和造就社会主义伟大事业的建设者和接班人。

2. 思想政治教育能培养全面发展的一代新人

人的全面发展是教育学的范畴，也是马克思主义科学理论体系的重要内容，是科学共产主义的理想目标。马克思认为，人的全面发展是指"作为目的本身的人类能力的发展。"其中，人类的能力包括认识世界和改造世界的能力，人的全面发展应该是这两种能力高度的、全面的发展。要成为全面发展的人，思想政治教育工作起着重要的作用，没有思想政治教育，人不可能自然而然地成为全面发展的人。而高校思想政治教育正是全面提高大学生各种素质、培养大学生成为全面发展的人才的重要阵地。

（四）网络环境下思政课的发展趋势

随着网络技术的发展，"互联网+"时代已经来临，它以其移动式教育的方法、

碎片化教学的形式、自主性学习的特点呈现出来，越来越受到大学生的接受和喜爱，也将是大学生网络思想政治教育方法的发展趋势。

1. 从保守封闭到自由开放

传统的思政教育交流扩散的环境是比较封闭化、单一化的，在这样的环境中，信息传播流动渠道少，内容单一、速度慢、信息量匮乏，人们获取思政教育信息一般只能通过传播者的口述和书籍，没有更广阔的选择方式。在传统教学环境下，教师是有限信息的垄断者，对信息有很高权限的管理作用，一些负面、消极，甚至错误的信息将会被"锁在门外"。那些符合社会主流的价值观念和思维理念都会被强化传递，取其精华去其糟粕，从而降低接受主体认知水平的差异。但这种做法限制了人的主观能动性和自主选择性，难以从每个接受主体的内心深处进行改造，难以调动接受主体的创造力与积极性。

随着网络信息技术的发展，大众媒体环境日益开放，这一点凸显在网络舆论环境中。每一个在网络平台发表合理合法言论的网民不受时间、地点、身份的限制，可以随时随地接受、发布、传播信息。"秀才不出门，便知天下事"不再是一句空话，人们获取信息的渠道拓宽了、速度提升了，诸多信息也摆脱了传统信息传播阶段的垄断现象，人们纷纷利用网络平台载体，及时获取全球信息。据不完全统计，高校大学生利用大众传媒获取的信息总量远远超过学校提供的信息总量。但是，高校大学生在享受网络信息带来的便利时，也遭受了诸多困扰。人们在潜移默化中接受着网络媒介对信息的阐释，常常分不清现实世界与虚拟世界。因此，这种信息的真实性有待探究，不能偏执一词，应该兼听，这样才能达到睿智，才能培养当代大学生对真实性世界与事件的自我判断和独立思考。

2. 碎片化教学将改变大学生网络思想政治教育方式

"碎片化"（Fragmentation）一词，最早出现在20世纪80年代的"后现代主义"的相关研究文献中，原意是指将完整的东西分成若干零块，这一形式在政治学、经济学、社会学和传播学等多个领域中都有所涉及。如今，碎片化也广泛地应用在教育学中，但多用于网络课程的碎片化教学。这主要是因为网络课程具有交互性、共享性、开放性、协作性和自主性的特点，能够涵盖门类学科的各个领域。同时网络课程是通过网络教学的软件工具、教学资源及网络平台来开展相关教学活动的。

在互联网技术日新月异的今天，网络技术和移动技术给人们的生活带来了质的飞跃。而对于高校学生来说，他们接受信息网络时代的速度非常快，"碎片化"

的学习方式也逐渐成为一种新型的获取知识和能力的手段。学生在校园内外可以不受时间、地点或状态等因素的影响自主获取资源，而除了用完整的时间进行学习、工作和生活之外，也可以利用休息、吃饭、聊天等零碎的时间通过智能终端进行"碎片化"的学习。显然，这也为传统思想政治教育方法提供了借鉴和参考。

3. 自主性学习将更符合当代大学生的网络学习特点

当代大学生更乐于追求自我的与众不同，思维和行动趋于独立化和自我化，更加注重的是自我对外界的第一感官，对老师或者家长所传授的知识和道理喜欢保持怀疑的态度，朋辈之间的影响也较以往有所淡化。当代大学生对于说教式、灌输式的教育形式抱有抵抗的态度，更乐于通过丰富的社会实践活动和自我探索来提升自己对外界的认知。网络思想政治教育正好契合了当代大学生的学习特点，因其不受时间、空间的限制，既能满足不同层次大学生的需求，又能帮助他们建立良好的学习与认知的氛围。在"互联网+"的背景下，网络思想政治教育内容更新快，教育形式丰富多样，有利于大学生不受时间空间的限制进行学习，也有利于其慢慢调适自我学习观念。强化网络思想政治教育在大学生心中的地位，也是秉承了以人为本的教学观念。鉴于新时代下大学生的自主意识增强，网络思想政治教育实施过程顺应了从"要我学"转变成"我要学"的学习方式。

4. 移动式教育将深化大学生网络思想政治教育方法

移动式教育从其内涵上来说，是指在可移动的学习场所或利用移动的学习工具加以实施的一种教育。其依托的媒介主要是成熟的无线移动网络、国际互联网及多媒体技术，教育者与被教育者同时使用移动设备通过移动教学服务器实现交互式教学活动。而移动式教育正是契合了大学生网络思想政治教育方法的特点，能够不受时间和空间的约束来进行活动，这一活动从功能、应用背景和操作实现等方面深化了大学生的网络思想政治教育。从功能上来说，移动式教育为教育者和被教育者解决了在课堂之外互动交流的局限，例如自动回复、浏览问题和解答都为教育实施者与受教育者带来了很多便利，同时这也是传统教育方式不可能做到的；从应用背景上来看，教育信息化建设目前已经形成了相当的规模，计算机、网络等基础IT建设都比较充分，校园里的系统也较丰富，但固定的电脑等远远不能满足教育者和被教育者的工作、生活、学习需求，他们渴望和需获得与之相关的信息和IT技术，校园移动办公从校园资源、校园管理、校园服务和校园安全等方面实现了教育移动化办公，这也为移动式教育打下了坚实的基础；从操作实现上来讲，手机、掌上电脑、平板电脑、可穿戴设备等移动终端对校园里的移动教务、移动图书馆、移动政务、移动信息查询和移动选课等都提供了帮助。

二、思想政治教育

（一）思政教育的概念

学术界对其有不同的概念和定义，其中比较典型的、比较有代表性的有以下两种。

1. 早期的思想政治教育概念

对于早期思想政治教育的概念，不同的专家学者有不同的论述，但普遍认为这是一种教育实践活动和社会实践活动。思想政治教育受到社会经济发展、政治制度、文化的制约和影响，是一定的阶级、政党或政治集团为了实现其不同的政治目的，用其政治思想、理论和观点，对人民群众有目的地施加影响，从而转变人们的思想，培养和塑造思想道德素质的工程。这些思想教育、政治教育和道德教育是随着不同的社会发展和时代及人类自身的发展要求而不断地发展与进步的，从而对人们的行动和社会行为有一定的指导作用。不同社会形成的不同的思想道德素质，可以提高人们认识世界和改造世界的能力，动员人们为了当前的目标和长远的发展规划而奋斗。

2. 新时期的思想政治教育概念

新时期的思想政治教育的定义虽然相对于早期有细微的差别，但基本理解都是一致的，他们都承认思想政治教育中教育者和受教育者的关系，都是统治阶级有目的进行的政治性教育，只是表述方式稍有不同，语气强烈时则将之称为灌输，语气平缓时则将之称为引导。也有学者持"受政治制约的思想教育和侧重于思想理论方面的政治教育"的"交叉论"观点，周延一点的也只是强调要"遵循人们思想品德形成发展规律"，有新意的是认为思想政治教育就是政治教育。

（二）高校思想政治教育的目标

高校教育是培养人才的重要基础，学校和教师必须明确规定高等教育的目标，充分认识到加强和改进大学生思想政治教育的重要性和迫切性，并努力完成教育、引导大学生的任务。然而，在新的改革开放的背景下，过去的一些教育方法不再适应高校思政教育在新形势下的需要。因此，要改善和加强大学生的思想政治教育，使大学生熟悉并贯彻社会主义理论思想，精于业务、奉献人民，为社会主义强国建设出自己的一份力。

思想政治教育最重要的是改变学生心中最基础的观念，树立正确的"三观"，让其从心底配合教育，接受教育的指正和影响，让学生真切地、深刻地感受到中国共产党和祖国人民对青年抱有的深切期望，让他们明白中国社会主义现代化事业的完成需要的就是新青年的奉献，只有新时代的青年不断奋斗、不断努力、不懈超越自己，中华民族的伟大复兴才有可能实现。将热血和青春挥洒在为祖国和同胞们的美好生活而奋斗的事业中，是青春最绚丽的书写方式。

我国思想政治教育体系主要包括下面五个方面的目标。

1. 思想素质目标

要坚定贯彻马克思列宁主义、毛泽东思想、邓小平理论、"三个代表"重要思想、科学发展观、习近平新时代中国特色社会主义思想，明确辩证唯物主义的思想，树立正确的"三观"，在生活中不断锻炼自己尝试运用马克思主义哲学进行思考和判断；培养集体至上的"三观"，批判享乐主义和拜金主义，明确个人利益要服务于国家利益的思想，对建设富强祖国充满信心和力量，为祖国燃烧才是青春最好的正途。

2. 道德素质目标

以集体利益为最高荣誉，个人利益要服从于集体利益，坚信团队合作的重要性和必要性；吃苦耐劳、勤俭节约，在生活学习工作中做到艰苦朴素、享乐在后；遵守法律、热爱国家、懂礼貌、讲诚信、为人团结和睦；积极进取，要有正能量，用乐观豁达的心态面对生活，对于事业和学习要充满干劲，秉持着严肃认真的态度，能听进各方的意见和建议，吸取批评中的养分，努力完善自己的道德修养。

3. 政治素质目标

对于我国的国史和国情要了然于胸，对于我国传统文化的优秀之处要加以发扬和继承，不忘初心，坚持共产党领导，继承先辈的革命斗争精神和传统，坚决维护祖国统一和团结，将祖国的利益和荣誉放在心中首位。要具有献身祖国、报效人民的思想觉悟，坚定拥护党的领导和国家的政策方针，做忠诚的爱国主义者。

4. 法纪素质目标

要致力于弘扬全民民主法治的风气，自发学习我国宪法，能够做到正确行使公民权利、维护公民利益、履行公民义务。要从根本上培养大学生的法律意识，教导学生做到自我约束、自我管理，能够运用法律武器做出正确的判断和决策。培养学生的勇气和承担挫折的能力，让其在内遵守校规校纪，在外遵守社会公德和法律法规，自觉主动地维护学校和社会的正常公共秩序，深刻领悟到法治社会的建成需要每个人来努力。只有让法治变为信仰融入大学生的思想道德教育中，才能让思想转化为实际行动，让法纪素质教育贯串始终。

5. 心理素质目标

心理素质是一个人心理过程和心理特征的体现，是衡量每个人在情感、意志、性格、行为等方面的综合标准体系。要培养大学生形成坚强、自爱的性格，增强他们的抗打击和受压能力，使其具有比较好的自我调节能力，这将有利于大学生未来的工作、事业、婚姻、家庭等，保证他们在遇到挫折时可以不丧失勇气和信心，不断努力去改善困境，拥有良好的心态，从而拥有良好的人生。

（三）高校思想政治教育的主要内容

1. 世界观教育

人们对于世界的根本看法和根本观点，反映了人们对于人与世界的关系、世界的本质，以及人的生存价值和地位的一系列基本问题的观念集合。高校大学生处于树立正确世界观的重要时期，务必用科学理论对其思想进行引导。马克思主义作为党的指导思想，同时也是党制定政治目标、确定政治方向的基础。我国高校始终坚持红色旗帜的引领，因此，思想政治教育中世界观的教育内容就是马克思主义科学理论教育。其中，包括了辩证唯物主义、马克思主义认识论，以及历史唯物主义等方面的哲学原理和方法论指导，还包括了马克思主义中国化的具体内容。习近平总书记多次强调，坚持以马克思主义理论作为社会主义现代化建设的指导思想，坚持不懈地进行马克思主义理论教育。大学生是国家未来稳定发展的重要力量，必须对其进行科学理论教育，提高其政治素养，帮助其明确政治站位，为国家和社会未来的发展做准备。

2. 理想信念教育

这是高校必不可少的教育内容。党的理想信念就是共产主义，正是因为有着坚定不移的信念，我们党才能够克服一个个问题，取得革命、建设和改革的胜利，我们国家才能够应对一次次的挑战，在排除困难、解决问题的过程中，实现国家稳定发展。对于高校大学生而言，也必须拥有坚定而正确的理想信念，才能在未来握好国家发展的接力棒朝着正确的方向不断前进。习近平总书记在参观《复兴之路》展览时首次提出"中国梦"，[1] 并且号召全国人民共同努力实现共同的宏伟

---

[1] 引自2012年11月29日，习近平总书记在参观《复兴之路》展览时的讲话.

梦想。习近平总书记勉励广大青年学生要树立革命和建设的理想，成为合格接班人。大学生是国家发展的中坚力量，关系着未来国家的发展，关系着能否实现中国人民宏伟的"中国梦"。

3. 爱国主义教育

爱国主义教育是国家稳定发展、历史向前推进的巨大精神力量，是一种集热爱祖国、报效祖国、忠诚于祖国的思想、意志、情感于一体的社会意识形态的体现。在新的历史时期和时代背景下，爱国主义教育依然很重要。高校爱国主义教育主要体现在对党史、党情、国史和国情等方面的基本知识的学习，也包括民族团结和国家统一等国家安全方面的教育。爱国主义教育就是要不断强化大学生的爱国意识，使其内心对祖国有强烈的归属感。因此，爱国主义教育不仅有利于学生自身的发展，培养了其爱国主义情怀，更关乎国家未来的前途命运，为未来能够稳定发展扎实根基。

4. 传统文化教育

一个国家的文化是这个国家的历史发展及具体国情的体现，代表了国家的历史文化底蕴，是国家和民族的精神和灵魂。我国的文化经历了数千年的历史发展，是中华民族之根，我们要做到一脉相承，并将其不断发扬光大。高校思想政治教育中不能脱离传统文化的教育，要让大学生在了解中华文化的基础上实现更好的传承。对于传统文化的传承，我们保持批判继承、推陈出新的态度，使中华优秀传统文化在当代青年心中生根，内化为气质，外化为人处世之道，在新的时代呈现出新的生机、焕发新光芒。

5. 社会主义核心价值观教育

社会主义核心价值观作为社会主义价值体系的核心内容，不仅是一种社会价值理念，更是人们的行动指南。对大学生进行培育并践行社会主义核心价值观，不仅是党的重大决策，更是思想政治教育的重要内容，突出强调了大学生群体对于国家未来发展的重要性，以及对大学生进行社会主义核心价值观教育的必要性。"勤学、修身、明辨、笃实"的社会主义核心价值观教育，要求学生学好知识，提高自身道德修养，树立正确"三观"，明辨是非，并在实践中提升自己。高校大学生必须从现在做起，根据以上要求严格要求自己，并在未来身体力行到对国家和社会的建设中。

三、"三全育人"理念

(一)"三全育人"的概念界定

对于"三全育人"的概念界定,不同的学者对"三全育人"中所包含的各个方面的界定也有所不同。笔者总结了学界的研究成果,并将相关理论与大学生思想政治教育工作进行了结合,还引入了"三全育人"这一理论进行分析。总体而言,"三全育人"的主要目的是育人,其具有系统化特点,可以实现全面育人。

(二)"三全育人"的内涵

"三"全育人一般概括为三大点,分别是全员、全过程和全方位育人。

1. 全员育人

全员育人,是针对育人的实施和发动者的范围概念,强调社会、家庭和学校都是育人的主体,都负有育人的责任。具体来说,首先,社会一切人员都负有育人责任,党和政府、各单位,以及具有社会影响力和社会关注度的人都是育人的主体,都可以发挥育人功能。其次,家长也是主要的育人主体,担负着培育和塑造高校学生思想政治素质的育人任务,对于育人工作的成效发挥着重要作用。

相对于社会和家庭,高校是更为主要和重要的育人主体,因为高校是主要的育人阵地和育人场所。高校所有的工作都具有育人的功能,高校所有的教职工也都负有育人的责任。高校管理人员、思政课教师,以及其他专业课教师、班主任和辅导员、后勤服务人员,都应按照分工协作的要求,认真担负起各自应尽的职责,发挥各自优势,将管理育人、教书育人和服务育人相协调,共同做好育人工作。

2. 全过程育人

"全过程育人"是基于纵向时间角度来阐述如何培养一个优秀的大学生。学生的心理发展具有阶段性,因此会表现出不同的心理状态,这就要求高校的育人工作灵活把握学生的心理状况,厘清其心理问题产生的原因。例如,在入学前学生可能更希望对即将上的大学的校园环境、相关政策、易接触的机构及军训状况有所了解;大一刚入学,学生可能由于离开家人和原先的朋友、与之前截然不同的学习方式、所就读学校与预期学校的不同、遇到的学生层次与以往相比的不同等,造成心灵冲击,此时,他们不仅需要建立自我认同,也需要群体认同；大二时，大学生可以参与学科竞赛、社团活动等，学校应鼓励学生自主地参与到学生管理工作和竞赛、实践的活动中，这有助于锻炼学生自制力、培养学生自主管理能力、激发学生竞争力，做到自我教育、科研育人与实践育人；大三时，需要对学生的专业课课程加大重视，查看是否有课程需要重修等，同时，大学生的职业生涯规划、创新创业教育、挫折教育、普遍的法律基础和心理健康等也需要加入教学过程，让他们对自己的未来有清晰的认知；大四时，学生可能对于毕业后的出路更加焦虑，这些出路包括公务员、支教或选调生、考研、找工作等，此时，学校需要提供的不仅仅是就业信息、相关政策，对学生的心理疏导也应更加重视，以便辅助学生找到更适合的道路；毕业后，高校与与学生联系还在继续，了解选择不同道路的学生的状况有利于对接下来的学生进行更好的辅导。通过这一育人过程，发挥育人的全程性原则。育人工作的发展同事物发展的规律一样，因此，要对大学生的思想观念、价值观指导从长远局面出发，立足每位学生的实际，遵循他们的认知差异和规律，从学生现实的思想政治学习需要出发，循序渐进地优化教育方法，充分发挥育人的时效性。

3. 全方位育人

全方位育人，是针对育人工作的空间概念。全方位育人，就是要充分利用不同的载体，采取不同的教育方式方法，将育人寓于教学、服务和管理之中，将显性教育同隐性教育相结合，实现校内校外、课上课下及线上线下多层次、多角度展开育人工作；就是要充分利用社会、家庭和学校不同空间，将不同空间结合，从空间上形成全覆盖育人。全方位育人强调要注重学生德智体美劳全方面的均衡发展，杜绝了单向度和片面性育人。

全方位育人工作的最终目的是实现处处育人，高校的全方位育人还强调育人的全面性和成效。从空间的范畴来看，要进行全方位的覆盖，以达到全面培养人。近年来，全方位育人的空间不断拓展，不仅包括第一课堂、第二课堂，也包括利用网络等多种平台，进行教育资源的汇总和优化，不断拓宽育人工作的空间和领域。全方位育人还强调个体的全面而协调的发展，将思想政治教育渗透于德育、智育、美育、体育等各项教育中，通过多方面的渗透，形成课上课下、线上线下、全方位立体化的育人体系和全面育人格局，以实现培养全面发展的人。新时代，全方位育人的基础是"合"，重在协作和互通，发挥"师、生、家、校、社"的联动作用，形成一体化育人合力。

（三）"三全育人"的优势

"三全育人"理念适应了新形势的需要，整合了教育资源，其以学生为中心的教育模式提高了人才质量，为实现"两个一百年"的奋斗目标提供了教育支持。

1. 育人的全程性，全程跟进各阶段教育的关键点

人的思想是多变的也是可塑的，育人的过程其实就是塑造人的过程。新时代是实现中华民族伟大复兴"中国梦"的时代，因而必须注重高等教育人才的培养，促使高校能够不断为社会和国家输送优秀人才。新时代高校"三全育人"理念中的全程育人，遵循了人的思想品德发展形成的规律，要求长期、全程地跟进育人工作，不同的阶段采用不同的教育内容及方式，这使得育人工作在时间上能得以延伸。

从入学时期到在读时期再到毕业时期，甚至是毕业后的很长时间内，高校育人工作仍在持续跟进。根据不同的育人阶段，抓好受教育者成长的关键点，能更好地保证受教育者顺利完成学业并且成人、成才，不断提高高等教育人才培养的质量。

2. 育人的全面性，促进受教育者全面发展

人的全面发展是高校育人工作的出发点和落脚点，也是全人类教育事业追求的终极目标。为了夺取新时代中国特色社会主义伟大胜利，全面建设社会主义现代化强国，建设高等教育强国，也为了满足和尊重人的发展需求、社会的发展需要，高校"三全育人"提倡素质教育，将思想政治教育融入德、智、体、美等教育，注重各方面协调发展，培养全面发展的人。这种育人的全面性，能够提高学生的科学文化素质、思想道德素质及各种能力，促进受教育者全面而协调的发展。思想政治工作绝不是单纯的一条线的工作，而应该是全方位的，无处不在、无时不在的。

因而，"三全育人"也强调从人员调动和时间维度、空间维度多层次地开展全方位育人工作，通过高校、家庭、社会、受教育者自身等多方配合协调教育力量，整合教育资源，采用多种方法和手段，达成线上线下、课上课下、全方面、宽领域的全方位育人局面。这种全方位育人是高校育人工作全面性的体现，有利于全面培养人和培养全面发展的人。

3. 育人的整体性，协调各方力量形成教育合力

"三全育人"的整体性在于形成教育合力。新时代是中华民族日益走近世界舞台中央的时代，随着社会的发展，信息变得多元化，不同的文化不断交流碰撞，新时代的育人环境变得复杂而多样。为了新时代的青年一代的思想阵地不被影响，高校必须牢牢抓紧学生的思想，但是仅仅靠思想政治教育者还远远不够，必须通过多种途径，齐抓共管。首先，新时代高校"三全育人"的整体性就在于育人工作不仅依赖思想政治教育工作者，还包括校内的所有人员共同育人，形成全员育人格局。其次，"三全育人"的整体性在于校内校外联动育人。大部分高校仅限于校内育人，与外界联系较少，这并不能充分发挥育人主体的育人功能。新时代高校"三全育人"要求注重校内和校外互通互动、共同育人。育人主体扩展为学校、家庭和社会多方参与，通过共同配合、相互协调，不断挖掘育人资源、不断拓宽育人的渠道，从而形成有机联动，最终凝聚成巨大的教育合力，不断提高育人成效。

第二节 高校思政教育的特征

一、导向指引下的整体性与教育教学的层次性统一

导向指引性主要是针对两方面而言。

一是对大学生的个人发展和如何在社会实践中发挥自身作用起到导向指引作用，包括引导学生的思想观念、精神境界朝着全面发展的方向提升，增强学生的精神力量；二是为教学实践活动提供了一个客观的标准，对思想政治教育教学的改革发展方向起到指引作用，促进了教学理论的创新与发展。导向指引既是促进社会和个人全面发展的要求，也是马克思主义理论与时俱进和教育多样化发展的需要。

思想政治教育是兼具系统性、完整性的，可将各种性质类型的教育教学因素整合到教学过程中，并能引导学生把感性认识或零星观点转化成一个整体的思想政治素质。其教学最重要的一点，就是要使学生对马克思主义理论的价值立场、

观点等思想的认识转化为信念。因此在教学过程中一定要重视对整体性的把握，而对思想政治教育教学的构建理应体现整体性这一特征。

思想政治教育教学是一种思维形成的存在，是由不同的要素、层次而构成的一个整体结构，其变化发展集中地体现了辩证逻辑整体的运动过程。在过程中不同的要素、层次之间，整体与层次、要素之间，整体与外部事物之间都有着各种联系。思想政治教育教学体系从本质上揭示了各个要素、层次，以及范畴之间的运动轨迹和规律。因此，我们不能孤立地研究其具体内容，要从系统到要素和层次，从整体到局部，从全体到单一。

思想政治教育教学的层次性表现在，这一教学既然是一个教育教学的整体系统，其间必然具有教育教学的局部层次。思想政治教育教学体系的划分是依据逻辑思维的组织、推演及运行规律展开的，进而形成了由起点、中心、中项、成效和终点等范畴构成的，具有逻辑性和科学性且合理有序的范畴体系。高校思想政治教育教学是围绕中心范畴，然后从起点范畴开始，经过中项范畴、成效范畴最后到达终点范畴的动态运动和发展变化的过程。这个过程动态简洁地揭示了高校思想政治教育教学体系中不同要素和层次之间的内在联系及运动变化的本质规律。思想政治教育教学的整体属性决定了其不能孤立地反映，只有体系完整、各要素层次分明、合理有序地联系在一起，才能科学地反映思想政治教育教学的本质规律。正是由于高校思想政治教育教学的整体性特征，其结构与层次之间才彼此关联、相互作用。一是指系统与要素环节具有稳定的关联性，即其范畴体系中的各个具体范畴均有固定的位置和作用等；二是指层次与层次之间具有关联性，即指这一教学系统内的每一逻辑层次之间都是彼此相连的，具有逻辑规律的关系。正是由于这种系统与要素、层次与层次之间的关联性，才使得这一教学体系的结构得以成形，并具有稳定性。关系是结构得以存在的前提，也是构成系统的基础，而只有系统内要素间得以稳定才能形成彼此之间稳定的关系，任何事物的整体性质都是由每一部分之间既相互依存又相互制约的关系来体现的。

在思想政治教育教学体系中，整体与任一层次、层次与层次之间都有着相互制约与依存的关系。思想政治教育教学不仅具有导向指引下的整体性特征，而且还具有教育教学过程中的层次性特征，因此能够把这一系列的动态联结为合理有序、层次结构分明的有机统一整体，从而构成体系。综上，思想政治教育教学具有导向指引下的整体性和教育教学的层次性的特征。

二、绝对的科学性与相对的利益性统一

思想政治教育教学的科学性在于其所概括和反映的内容的科学性，思想政治教育教学通过教学实践活动，使学生形成社会所需要的思想政治道德，从而培养学生全面发展的综合能力。马克思指出，人的自由而全面的发展，就是社会的每一个成员都能完全自由地发展和发挥他的全部才能和力量，而思想政治教育就是遵循着这一观念展开教学活动的，以期通过教学将学生的观念得到最大化的提升。此外，思想政治教学的科学性还体现在其自身具有的客观实在性和规律性上。

客观性和科学性构成了思想政治教育教学内容的基本特点。任何历史时期和体制下的意识形态教育，基本都客观地反映了其内在的本质和固有的规律。他的科学性是绝对的，这一教学实践在一定的具体条件下具有相对不变性，保持其相对稳定性。列宁认为，辩证唯物主义强调的是要承认真理的客观性和绝对性，且真理是正确揭露客观物质的本质和规律的。因此，承认这一教学的客观性就是承认了它具有绝对性。而思想政治教育的利益性指根源于其本身具有的阶级性和意识形态性，其具体达成目标和服务的对象是由统治阶级的阶级性质和立场决定的。

一是思想政治教育教学在这门课程教学实践的基础上，既包括对原有教学内容的修正，也包括在现有的基础上更新内容。任何事物的产生都摆脱不了现实的因素，范畴也不例外，这一理论体系的构建会被当时的实践所影响，其结构体系是在对当前教学实践的总结、归纳和抽象，它的建构被许多条件限制，其不能对未来的教学实践进行完全准确的判断。故当前的范畴反映的内容是相对的，并不是绝对的。

二是正如辩证唯物主义观点强调的那样，事物在实践中是矛盾的状态，是不断变化发展的，会呈现相互对立、相互依存的状态，并能够辩证转化。此时对立、彼时统一，这也是事物的一个过渡性和相对性特征。而思想政治教育教学的相对性就是对其教学实践中的基本矛盾运动及转化的反映。因此，思想政治理论课教学之间是能够辩证转化的，具有相对性。

第三节 高校思政教育的原则

一、坚持以人为本

人本原则，顾名思义就是以人为本的原则。"人本"这个概念在中华优秀传统文化中由来已久。据古代文字记载，人本原则的思想雏形来自《管子·霸言》，"夫霸王之所始也，以人为本。本治则国固，本乱则国危"。①《管子·霸言》中的这句话充分证明了我国以人为本的思想在古代就已经得到了社会的普遍认同。而儒家文化的代表人物孟子也曾提出："民为贵，社稷次之，君为轻。"②《孟子·尽心章句下》这显示出了人本原则在中国有着广泛而深刻的理论基础与普遍认同。而在马克思主义理论中，关于人本原则的思想也是最重要的内容之一。马克思主义将人的全面发展分为三个主要部分，第一个部分是人的能力在整个社会中充分而自由的发展；第二个部分是人的独立性阶段（以人类对物质的依赖关系为基础）；第三部分是社会关系和人的个性的全面发展。人本原则的最重要体现就是人的自由而全面的发展这一根本目标与最终要求。人本原则在高校思想政治教育中更着重于个体的人的个性的释放与发展，是一种对人在社会中扮演了重要角色及发挥重要作用的肯定。这个个体不仅是指学生个体的自由发展，作为教育者的教师同样也是主体之一，承担着重要的责任。思想政治教育工作坚持人本原则实质上就是坚持以人为本的教育理念，将教育者与受教育者都放在主体的地位，将马克思主义的基本观点运用到日常教学工作中，实现教学资源、综合管理、思想指导三者的有机结合，为高校青年学子树立正确的价值观导向、开阔的世界观、积极的人生观，为今后个人与国家的发展打下了良好基础。

（一）坚持人本原则的意义

1. 促进高校思政教育发展创新

新时期，高校思想政治教育实践的原则之一就是以人为本，同样，在思维导向上也要坚守这一原则。只要坚持人本原则的教育理念，就能够促进高校思想政治教育发展创新，以及对整个社会教育体系的改善。同时也会在高校思想政治教

---

① 引自春秋时期管仲的《管子·霸言》
② 引自《孟子》的《尽心章句下》。

育内容上的选择、教育方法及手段的运用上产生重要影响。所以，在这种社会条件下，其将不可避免地成为教育者在进行思想政治教育时的工作方式。这就要求思想政治理论课教师作为引导者在进行德育工作时，自觉在头脑或者说是自身观念中坚定确立人本原则为重要基础的核心地位，把爱护、理解、包容切实贯彻到具体工作中去，让当代大学生在学习中的主体地位得到充分的尊重。

2. 促进大学生完整自由的发展

新时期，高校思想政治教育的主要目标就是，加强人作为独立个体在社会中完整自由的发展。人通过主观能动性改造自然，继而改变物质的生产实践来让其本身生存的需求得到满足，而对自然进行改造的前提就是要在一定的社会关系中进行。随着社会生产方式和生产水平的不断发展和变化，以及生产力水平的不断提高，人类的社会实践能力和基础线也不断提升，导致作为社会主体的人想要摆脱各方面、内在和外在环境束缚的能力也随之不断增强，在复杂的社会环境中也必将更加自由而全面。作为上层建筑，思想政治教育在引领人类生存发展的同时，也一定会在未来的共产主义社会实现人自由而全面的发展。

3. 有助于了解学生的心理诉求

大量具有重复性的精准社会调查均证明，现如今我国青年学生的政治素养和思想政治育水平总体来说较为良好。他们在日常生活和学习中思想活跃、拥护中国共产党的领导、热爱祖国，并在社会和学校的双重影响下成长为对中国特色社会主义道路、理论、制度、文化等方面充满自信的社会中坚力量，并且坚信社会主义现代化伟大蓝图和中华民族伟大复兴的中国梦能够实现。可是，我国部分大学生逐渐受到一些拜金主义和历史虚无主义错误思潮的影响，表其思想也面临着冲击。作为思想政治教育理论传播载体的高校，如果不能够深刻认识到贴近青年学生，彻底了解他们的思想动态的重要性，那就只能是被认为是进行灌输式的填鸭教育。在新时期，作为高校思想政治理论课教师，要加强与学生的联系，深入学生群体，了解学生的想法和当前遇到的困难，并给学生以恰当的帮助和指导。在此基础上，要更进一步地与学生沟通交流，运用全新的教育教学方法了解青年群体的思想症结、心理诉求。只有将自己置身于青年学子的群体中去，才能在生活和学习中与他们进行更好的交流和沟通，达到教育双方的相互理解和支持。

（二）高校思政教育如何贯彻人本理念

1. "师本"与"生本"理念共存

首先，要尊重并强调教师的主体地位。在思想政治教育中，思想政治教师扮演了着举足轻重的角色。虽然在大学阶段众多学生已经在生理上成年，他们朝气蓬勃、勇敢上进，但与此同时他们同样也是一个意志力较为薄弱的群体，其世界观、人生观、价值观还未完全正确树立。如果没有思想政治理论课教师正确和合理的引导，很容易在意识形态上产生偏差进而对个人甚至学校和社会产生严重的负面影响。高校思想政治教育就是要发挥思想政治教师的引导作用，充分了解学生的成长环境及人生经历，尊重其个体的独立与个性，将理论方法逐步以学生所能接受的方式进行德育教育。其次，当然而也要尊重学生作为主体之一所产生的不可忽略的作用。思政教育工作者必须让学生意识到自己的主体作用，使其产生强烈的主体意识，在日常学习和生活的交流中逐步培养学生的自觉学习的习惯，真正做到心中有律、行动有规。只有在业内达成教育者与被教育者双主体地位的共识，才可以让思想政治教育理论不断地得到创新与发展，加强思想政治教育在现实生活中的实践作用，使主体之一的受教育者成为我国社会主义现代化建设的中坚力量。

2. 加强科学技术和方法的运用

现今是大数据人工智能的时代，各种科学技术层出不穷。思想政治教育作为教育体系中极为重要的一环同样也需要跟上时代潮流，利用科学技术是对教学方法的创新与发展。先进的教育必须更注重培养能力，但事实上能力必须与自身知识体系结合在一起才能发挥更大效用。所以努力做到知识与能力的结合，才能在科技时代实现科技与教育的创新发展。要想让思想政治教育的实效性得到提升，教育者一定要将自己置身于科技发展水平不断推进的历史发展进程中，做到因势而新。正确认识我国与西方发达国家之间的差异，全面地、客观地认识当代中国的教育环境，并与国际接轨，不断提升自身教育的质量与水平。在教育手段上的创新往往体现着一个学校对思想政治教育的重视程度，不断开展课外的实践活动，如田野调查或红色之旅等方式是让一部分"五谷不分、四体不勤"的青年学生了解近代中国历史最直接的方式，也是历史与现代的一次跨时空连接。还有线上慕课等大量利用网络平台衍生出的全新的教育教学方法，不仅创新了思想政治教育的传播模式，也合理优化了对被教育者的考查结构。基于此，各大高校更应该积极合理地利用网络平台，对大学生进行多方引导，合理上网、文明上网，全面提高网络化时代高校学子的整体素质。

3. 引导学生进行自身人格塑造

人本原则的基础环节就是受教育者作为独立个体的完整人格的塑造与发展。高校教育的价值所在是源源不断地向社会输送高素质高文化的人才。面对激烈的社会竞争，高校思想政治教育人本原则的重要问题就在于，怎么样才能在校园环境内实现受教育者完整人格的健全发展。现今社会，不仅要求青年学子有更高的文化素养、科学素养，更要求其作为社会中的一个独立个体，有其完整人格的具体展现和坚定的政治态度。高校思想政治教育就是在以人为本的前提下，使青年学子自信、自立、自强，不断引导和培养他们成为整个社会的优秀建设者，且能在飞速发展的社会环境下做出积极应对以保证自己不被社会所淘汰，还能为社会的发展、国家的富强做出贡献。只有这样才能实现自己的人生价值，在面对未来的挑战的时候才能够做到从容不迫。思想政治教育是我国高校教育的重要内容，在教学实践中，我们必须坚持以人为本的理念，将"一个主体"的观念彻底打破，强调教师在教学引导方面起到的主体作用，认识学生在树立正确的世界观、人生观、价值观、为整个社会奉献青年力量方面的主体作用，培养思想政治理论课教师在教学中的主动创新性和学生在学习过程中的主动接受性。只有在科学的马克思主义理论的引领下，才能真正实现中华民族的伟大复兴。

4. 优化高校德育环境的建设

科学文化知识与人文情怀精神是高校区别于其他教育传播载体的关键所在，校园文化环境无论是对思想政治理论课教师还是对学生都会产生极为重要的影响。习近平总书记在多次讲话中及很多场合中，都强调了立德树人这个教育大环境和教育基本理念在高校思想政治教育中的重要作用，高校作为社会主义建设人才输送的主要形式，积极推进立德树人教育环境的基础建设，就是坚持以人为本原则发展创新思想政治教育。首先，要把师德师风建设放在首要位置。思想政治理论课教师不仅是专业知识的教授者，同样也是道德教化的传播者，师风师德建设是高校立德树人教育环境基础建设的最重要一环。这要求高校思想政治理论课教师不仅要有高学历，还要具备高品德，只有这样才能对学生产生积极正面的影响，对整个高校环境起到至关重要的作用。其次，必须把马克思主义的指导作用放在首位，以科学性和革命性统一的马克思主义指导思想为主体，根据受教育者的需要开展丰富多彩、创新十足的校园文化活动，具体切实贯彻理论上有指导、实践中有规范。最后，要在校园网络平台中坚持宣扬立德树人理念，将高校人本原则的思想政治教育方法和观念合理植入学生群体心中，让他们从内心产生强烈的认同感和荣誉感，并且以自身行动积极维护校园文化环境的创建。

二、坚持务实求真

（一）求实原则的内涵

1. 思政教育必须适应我国社会发展与人民群众的客观实际

人民群众作为社会的主人，其本质是一切社会关系的总和。因此，人民群众个体所拥有的社会关系及社会意识等因素，不仅会对人民群众思想的变化发展产生影响，而且还会对其起到制约的作用。思想政治教育对于人民群众个体与群体的思想转化都要加以重视，并且要重视社会风气及舆论能够起到的作用。这就要求，思想政治教育出发点与立足点一定要是社会发展的实际及群众的思想问题现状，不仅应该将人民群众看成是一个整体，在相同的起点上进行教育，又应该对千差万别的人民群众的思想问题深入细致地进行研究，并对其加以解决。这样一来，就能够让理论与实践紧密地联系起来，让思想政治教育本身的针对性及有效性得到增强。要想能够对人民群众思想发展变化的规律有准确的了解与掌握，就只能与实际紧密贴合，做好与之相关的调查研究工作，让思想政治教育的针对性、系统性及创造性不断得到增强。

2. 思政教育必须与利益引导相结合

人民群众的思想、行动都与其自身利益密切相关，利益是人民群众进行生产及一切活动的动因，同时也是人民群众思想问题产生的根源。马克思主义的基本原则，就是让人民群众对自身的利益有充分的了解，并且让人民群众团结起来，为之进行奋斗。所以，应该将人民群众的利益作为着眼点进行思想政治教育。从利益导向上看，社会中一切人的关系都是利益关系，社会矛盾之所以会产生，就是因为在利益上存在着差异或者利益是对立的。国家如果想要将人心凝聚起来，让矛盾得到协调，从而形成强大合力，其坚持的利益导向就一定要是正确的。利益导向正确，社会不同阶层和群体就会从根本上协调一致，能够共同行动和增强社会合力。在我国，国家、集体和个人利益从根本上就是一致的。我们进行思想政治教育的主要任务，就是引导人们认清这种一致性，为共同利益而奋斗，并且在奋斗的过程中让自我价值得到实现。毋庸置疑，个人、集体与国家的利益是不可分割的。在三者统一的关系中承认和尊重个人利益，是马克思主义的观点，也是思想政治教育工作的"求实"原则的要求。

3. 思政教育工作要有求真务实的作风

求真务实是党的优良作风的集中体现，也是思想政治教育工作必须坚持的。思想政治教育工作者必须养成求真务实的作风，把求真务实、言行一致作为自己思想和行为的重要准则。要做到求真务实就要不唯上、不唯书，实话实说、实事实办、少搞形式、不尚空谈。要爱岗敬业，把工作当事业干、当学问钻，既练"唱功"又练"做功"，勇于探索、创新。要以身作则、率先垂范，要求别人的自己首先做到，以自身的模范作用教育群众、引导群众、激励群众。

（二）求实原则的当代启示

1. 用求实原则引领高校思政课创新

对于思想政治教育来说，其进行的主要渠道就是思想政治理论课。高校思想政治教育传授的知识应该是生动活泼的，而不应该是死板的，应该始终坚持实事求是，从学生的接受能力出发。可思想政治教育的内容具有时代性、具体性，所以，在不同的时期，思想政治教育的内容也应该是不同的。并且，高校的思想政治理论课不能单凭思政课教师对学生进行课本的理论知识灌输，要结合现代化的多媒体教育教学方式，在教育教学中与学生发生教育主客体的互动，提高学生对理论课知识的接受能力，以此让思想政治教育工作更加具有实效性。

2. 用求实原则营造高校良好的学术氛围

实事求是是学术研究所遵守的基本原则，是学术的第一要义。因此，高校需要在学术领域真正贯彻求实原则，实事求是地对待学术成果，为高校营造健康良好的学术氛围。高校要用求实原则端正学术态度。尽管学术界对学术行为进行了严格的规范，对学术失范现象加大了惩处的力度，但学术失范行为仍然时有发生，如找写手代笔等不道德的学术行为依旧存在。因此，在进行高校思想政治教育工作的过程中必须要坚持求实原则，加强高校师生学术道德教育，强化学术规范教育、学术诚信教育、科学精神教育、学术法治教育，保持学术的健康发展。

3. 用求实原则指导高校全员育人

首先，高校要以求实为原则，进一步完善思想政治教育的领导与制度，把求实原则贯彻到思想政治教育教学及日常的工作中，不仅应该反对所有的形式主义作风，也要反对任何形式的弄虚作假，进而促进思想政治教育的领导与制度完善，提高高校思想政治教育工作的有效性。

其次,高校思想政治教育工作应该依靠全体教职工,而不能仅仅依靠思想政治理论课教师或专业课教师。提升高校全体教职工的育人意识,要以求实为原则,充分考虑高校教职工的人群特点。一方面,要选择合适的载体,利用各种现代化科技手段提升高校教职工的育人意识;另一方面,高校要以求实为原则对全校教职工的思想动态进行调研,通过对他们思想现状的准确把握,有针对性地提高他们的育人意识。

最后,在求实原则的指导下进行高校校园文化建设。一方面,高校要以求实原则提升校园物质文化水平,提升校园形象与风貌,对和谐的校园文化氛围进行营造,使学生在潜移默化中接受文化教育;另一方面,高校要以求实原则提升校园精神文化水平,经常开展校园实践活动,从而让学生的综合素质得到提高。

三、坚持开放意识

在对学科领域内的前沿问题展开研究时,要以开放的眼光看待问题,吸收其他学科知识的有益成果,完善自身,以平等的态度对待不同文化,取其精华,去其糟粕,助力于马克思主义理论及思想政治教育教学的建设和发展。一是增强从交叉学科的视角进行思想政治教育教学研究的自觉性;二是让思想政治教育教学面向世界,放眼全球,这是促进学科综合化的现实需求,即在对教学的研究过程中要坚持全面性和联系性,以发展的眼光对待问题的研究,以动态的方式对范畴进行构建,与实践相联系,用实践检验范畴的真理性。教学实践过程是运动变化发展的,在研究教学时,要重视对教学过程中研究对象与社会环境发生的相互联系、相互作用的关系的分析,其关系会在一定时期内保持稳定,但不会固定不变,由其形成的真理也具有相对性,而对其的认识则是无限的,即开放性。开放意识也是由思想政治教育教学的相对的利益性特征所决定的,思想政治教育教学是一个系统,必然具有系统固有的开放性特征。

四、坚持改革创新

对教学理论的研究要持创新思想,要敢于打破常规,不破不立,只有打破,才能产生新东西。在研究过程中勇于吸收新思想、新元素,用兼具独创性、新颖性和开拓性的思维方式为教学发展创造内生动力。思想政治教育教学是与实践密切相关的,作为其研究对象的大学生各具特色,要根据研究对象的需求,有目的、有意识地进行改革和创造性活动。教学体系的建构本身就是高校教学基本理论的改革和创新,改革创新意识是由教学相对的利益性特征所决定的。遵循改革创新意识,必须在现有的教学理论中及时地更新新时代高校思想政治教育教学的基本内容,使之更加充满生机与活力。

五、坚持延伸原则

高校思想政治教育应与时代对接,明确方向,延伸教育视域。不局限在学校教育系统内对大学生进行评价与教育,应组织全员参与教学活动,培育出德才兼备、适应国际社会发展的高精尖人才。要将思想政治教育作为培养人才的重要手段,帮助学生打好做人的"地基",在此基础上秉承开放和包容的心态学习全世界的优质文化和知识。

思想政治理论课教师应以互联网为媒介,打通学生看世界的视野和思维,令他们不被当前的复杂局势所困扰和蒙蔽。思想政治理论课教师可激发学生的爱国主义精神,令他们自主地提升和完善自我。在新时期,高校必须拓展、扩宽思想政治教育视域,使学生的努力奋斗和学习与国家的发展相连接。这样,不仅可全面提高思想政治教育的实效性,还可引导高校大学生建立大格局和国际视野,极大地转变部分学生的功利性的学习动机。

六、坚持全方位原则

新时期,高校应构建全员、全过程、全方位思想政治教育体系。教育工作者应对内部资源和社会资源进行科学的整合和合理配置,使学生在校内和校外都能获得良好的思想引领和能力锻炼。

思想政治教育的实效性建设,应对当前社会的人才需求标准与教育要求建立新的认识,高校应继续强化大学生的文化自信、制度自信、道路自信。思想政治理论课教师构建开放式的思想政治教育模式,组可以在织学生学习课本中先进思想理论的同时,让学生对世界局势、我国的发展态势和目标等进行深入了解。同时,思想政治理论课教师需在整个教学的过程中,全面关注每一名学生个体的政治立场和态度,帮助他们全面提升思想政治水平。而所谓的全方位育人,更注重展现育人思想、育人方法、育人理论、育人资源、育人模式的整体性和全面性。教师可以运用丰富的教学内容、多样化的教育手段,促使学生端正思想立场,具备较高的思想政治觉悟,且拥有符合时代需求的创新创业能力。另外,思想政治理论课教师需积极汲取新的养分与思路，明确"如何开展思想政治教育"，更要对"培育现代化人才"进行积极的理解和解读。高校需面向世界、面向未来制订思想政治教育规划，从学生长远的发展角度出发，对教学形式进行创新与优化，努力实现高校教育立德树人的核心目标，为国家培育出具有坚定政治立场和革命信仰的新型人才。

第二章　高校思政育人体系建设研究

本章内容为高校思政育人体系建设研究，主要介绍了高校思政育人体系的概念、内涵、内容及其发挥的作用；对高校思政育人工作的理论基础与政策依据进行了分析；并论述了高校思政育人体系建设的时代特征与价值。

第一节　高校思政育人体系概述

一、高校思政育人体系的概念及内涵

（一）高校思政育人体系的概念

2017年教育部发布了《高校思想政治工作质量提升工程实施纲要》，明确指出高校思想政治工作的基本任务，也就是充分发挥课程、科研、文化、管理、服务、实践、网络、心理、资助、组织十方面工作的育人功能，又称"十大"育人体系。[1] 本书研究界定的"思政育人"，是指学校利用思想政治教育渠道，通过包含课程育人、网络育人、心理育人等十大方面的综合型育人体系，对高校学生进行全员参与、全方位实施、全过程投入的综合性教育的实施过程。

（二）高校思政育人体系的内涵

厘清思想政治教育的内涵意蕴，是探究高校思政育人体系整体构建的基本前提。近年来，高校思政育人体系作为一种新的理论名词和研究趋势，在思想政治教育领域方兴未艾，也在高校思想政治工作中拥有越来越高的呼声。一方面，高校思政育人体系成为高校思想政治教育追求的目标之一，为高校思想政治工作改革、发展与创新提供了一个全新的视角。另一方面，高校思政育人体系意味着思

---
[1] 中共教育部党组.中共教育部党组关于印发《高校思想政治工作质量提升工程实施纲要》的通知

想政治工作的协同创新,致力于将思想政治教育贯穿高校育人的全过程和各环节,这与思政育人的价值诉求不谋而合。而思政育人体系作为高校育人工程的一部分,需要以正确的方向作为引领。为此,高校思政育人体系的整体构建必然置于内涵这一视域来审视,也就是首先要对高校思政育人体系这一概念进行充分的解读。

1. 以正确的方法论为指导

高校思政育人体系建设以全员育人、全过程育人、全方位育人作为方法论。从方法论的视角来进行解读,高校思政育人体系建设也可被视为一种工作格局。所谓的高校思政育人体系工作格局,是所有对思想政治教育产生影响的因素,通过一定的活动或机制联系起来从而形成的一种合力体系的描述。简而言之,就是整合社会和高校中一切可能的力量来推进高校学生思想政治工作,使高校思想政治工作的机制、体制和运行形态转化为一体化的育人格局。高校思政育人体系工作格局强调一个"大"字,实质上也是对高校思想政治工作整体、系统、协同的实践概括,具体表现为人员之"广"、场域之"大"、过程之"久"。

首先,人员之"广"就是多主体参与。高校思政育人体系工作格局较之传统的高校思想政治工作明显的一大进步,就是思想政治工作者不再局限于高校思想政治理论课教师、辅导员和班主任,而是将全体高校教师、领导干部乃至后勤服务人员和学生干部都纳入高校学生思想政治教育中去。工作部门由思想政治工作部门等一线部门拓展到高校教学部门、行政部门、管理部门和后勤服务部门等。这就大大增加了高校思想政治教育的有生力量,提高了广大教职工和学生的主观能动性。高校思想政治工作是一个分工合理、联系紧密、有机协调的全员性工作体系,高校所有师生员工都可以而且必须作为教育者而存在。

其次,场域之"大"就是工作平台得到拓展。除思想政治理论课外,所有的课程都应该承担育人工作;除理论课程外,所有的实践活动都应该承载育人责任;除学校教育外,家庭和社会也必须肩负起育人大任。这就将高校思想政治工作的平台和范围大大扩展,使思想政治工作不拘泥于课堂、校园,而是放眼整个国家与社会。

最后,过程之"久"就是坚持全过程育人。高校要做好思想政治工作非一朝一夕之功,不仅涉及学校工作的各个方面,而且也贯穿于学生成长的整个过程。思想政治工作要想取得良好实效,就必须纵向到底,从新生入学到毕业各个阶段各有规划各、有侧重,甚至工作之后也能产生一定持久的影响。这就是"大思想政治教育"整体性和系统性的体现。

高校思政育人体系格局追求的是高校思想政治工作全面和动态的平衡，个体系统（高校教师与学生）良性互动，群体行动（单位与部门）协调一致，整体系统（各个影响因素）相得益彰。

2. 以人为出发点和归宿

毋庸置疑，教育的根本目的是培养人和塑造人。无论是在东方教育中还是在西方教育中，教育一致被定义为发展人性。人性的发展在心理学中是知、情、意三者统一的发展，具有不可割裂性，这也注定了教育同样具有不可割裂性。我国倡导的教育是学生德、智、体、美、劳全面发展，这是一体的教育观，是教育过程中五个不同的方面，而不等同于五种教育。因此，教育始终都只是一种教育。高校思想政治教育通过对受教育者有目的、有意识地引导，从而达到提高他们思想道德素质的目的，这是教育的一个方面，决不能独立于教育活动之外。而传统的思想政治教育在实践中出现的"各自为政、互不相干"的现象与"一种教育观"的思想背道而驰。

人是教育的出发点和归宿。高校思政育人体系建设同样以人为出发点和归宿，也就是"以人为本"。这里的"以人为本"放在高校思想政治教育的语境中，就是以学生和高校教师为双重主线。传统的思想政治教育观一方面忽视了受教育者的主体性、差异性和能动性，一味强调高校教师和课堂的权威地位；另一方面忽视了广大教职工的主体性，将以人为本直接和以学生为本等同起来。

高校思想政治教育归根到底也是培养人的问题。高校思想政治工作的主体对象是高校学生，切实关注高校学生的所思所想，回应和满足学生现实困惑和精神需求，着力促进高校学生的全面发展是其应有之义。但与此同时，我们也应倡导以高校教师为本。这里的高校教师是从广义上而言的，不仅包括思想政治工作者，还包括高校的管理者和服务者。高校思想政治教育主要提高高校学生的思想水平、道德品质和政治素养，实现构建受教育者精神世界的功能，必然要求高校教师的精神世界要积极健康向上。高校思政育人体系建设不仅主张"以人为本"的哲学价值取向，而且力争达到全员、全过程、全方位育人的理想状态。

3. 注重系统化的思维

从系统论的维度来观照高校思想政治工作，会发现它是一个多角度、全方位、系统化培育学生的育人工程。但这种结构复杂的育人工作在实际中往往难以达到最优效果。因此，"大思想政治教育"在这一层面上可以理解为是高校思想政治工作的一种应然状态，它并不是一个具体的模式或者方法，而是高校思想政治工作所要追求的理想状态。有理想就有现实,高校思想政治工作的现实困境也在呼吁着新的时代的到来。

高校思想政治工作在实际中往往存在着系统建设思维缺乏、功能定位模糊不清、评价体系不全等一系列的问题。具体而言,要么重专业课轻思想政治理论课,要么给予思想政治理论课太多的功能和价值定位,或者是工作队伍方面结构不合理、能力不足……这些都使高校思想政治工作陷入了一定的困境中。为此,高校思政育人体系形成的重点就在于专业化、体系化、立体化、制度化和创新化。思想政治工作队伍要进一步专业化,即拥有强健的师资力量。为此要加强工作队伍的培训和指导,严格管理、提高标准,注重评价。课程建设要进一步体系化,真正实现全课程育人。这就要充分发挥多学科的优势,专业课智育与德育双修,让思政课和其他课程互相协调渗透,形成不可分割的整体。育人方式要进一步立体化,多方式、多渠道、多载体育人。让思想政治教育不仅入课,还要入社、入网;不仅"三育人""五育人""七育人",更要"十育人";不仅要学校育人,还要社会育人、家庭育人。领导机制、评价机制、监督机制、激励机制等各种机制进一步制度化。以制度规范行为,保证党对高校的正确、科学的领导,实时监督反馈各项育人工作各个环节的实施状况,强化责任担当,提高思想政治工作的实际质量。

随着时代的发展变革和社会大环境的逐渐改变,思想政治工作也要进一步创新,既因时而变又因时而新。创新是事物发展的不竭动力,高校思想政治工作要想立于不败之地,就要时时刻刻注重创新。以新时代的新思想来引领前进的方向,以新资源供给来增强前行的动力,以新技术来拓展育人方式,建立健全系统化育人长效机制。

二、高校思政育人体系的内容

(一)目标方面

思想政治育人目标是构建育人体系的最终目的和方向归宿。高校思想政治教育工作是我国教育体系的重要组成部分,其作为影响人、改造人的社会实践活动,理应遵循新时代教育方针,牢牢把握"四个服务"的原则,始终坚持立德树人的教育任务,以人为本,以高校学生的现实需要为出发点和落脚点,不仅要在学生的头脑中、思想上武装科学的理论知识体系、正确坚定的政治信念,更主要的是要以灵魂塑造引领学生的全面发展,培育德智体美劳全面发展的社会主义接班人和建设者。

（二）主体方面

高校思政育人主体是开展育人体系的人力基础和基本保障。学生在对思想政治教育信息的接受过程中，受各种社会关系的制约，学生一切的行为习惯、思想观念都可能成为影响思想政治教育工作成效的因子。思想政治教育工作不是单单依靠专职高校教师、党务工作者就可以实现的，高校所有的教职工（包括高校教师、管理人员、服务人员、辅导员等）都承担着育人、育才的重要使命。"环境是由人来改变的，而教育者本人一定是受教育的"。教育者的专业程度、师德水平、政治站位和道德修养都对高校学生起着很强的表率作用，是育人体系中的关键主体。此外，高校学生不仅是思想政治教育的作用对象，也是思想政治教育工作的直接参与者，是育人体系中的核心主体。一方面，思想政治教育工作要从学生入手，围绕学生实际开展。另一方面，同辈群体影响的力量不容忽视。因此要改变以往单向度的教育模式，调动学生自身的内在积极性、创造性，实现自我管理、自我教育，引导学生在交互中自觉、主动地强化自身的学习意识和能力。

（三）统筹要素

高校思政育人体系"处处在育人"的客观环境、载体、方式有着必要前提。思想观念在方式和状态上具有非线性的特点，开展思想政治教育工作，要从其学科本质特点出发，打通课内和课外、现实与虚拟、校内和校外的脉络、显性实物和隐性文化的不同空间方位，融合理论教育和实践引导、线上和线下的多种载体方位，创新心理育人、管理育人、资助育人、组织育人等多重路径，统筹各个环节、各个机构的育人资源，确保各项影响因素发挥其积极正向的作用，营造无处不在的思想政治生活氛围和气息，形成由上而下、由内而外的立体化育人空间。

（四）开展过程

思政育人过程是体现高校思政育人体系蕴含规律性、持续性和针对性的必要条件。任何事物的发展都是量变和质变的统一，不管是教育本身还是学习发展均具有过程性，这是在不断与外界进行信息交换和互动中实现的，这就要求思想政治教育不仅要贯穿高校教育教学全过程，还要贴近学生成长、成才的全过程。育人体系一方面体现在高校思想政治教育工作要从学生入学到毕业的各个阶段，针对本科、研究生的不同年级和学习接收能力的差异，制订既符合思想政治教育的内在逻辑，也符合人的发展规律，有侧重点的、能解决学生的现实需求和期待的阶段性目标和内容。另一方面体现在高校思想政治教育工作要实现与中小学段、社会发展需要的有效对接,减少不必要的重复性教育输出,体现教育工作的渐进性,提高教育工作效率,形成长效的育人机制。

三、高校思政育人体系发挥的作用

构建思政育人体系是为应对当前高校思想政治教育新情况、新问题而进行的积极探索。构建思政育人体系,归根结底是要形成高校思想政治教育的合力,增强思想政治教育效果。而思想政治教育合力指的是在一定的时间和条件下,各种思想政治教育力量及思想政治教育系统内部各种要素之间的相互联系、彼此作用所产生的综合结果。在高校中,青年学生是受教育的主体,青少年阶段是人生的"拔节孕穗期",最需要精心引导和栽培。把思政教育办得越来越好,我们就一定能培养好担当民族复兴大任的时代新人,培养好德智体美劳全面发展的社会主义建设者和接班人。

(一)育人做到润物无声

中华人民共和国成立70周年之际,很多高校开展了"告白祖国"的系列活动,生动地展示了"小我融入大我,小家融入大家,青春献给祖国"的主题社会实践的丰硕果实,展示了当代大学生的爱国情感、强国志向、报国行为。这一系列活动,体现了思想政治教育润物无声的良好效果。

思想政治教育,事关立德树人的根本任务,不能将其仅仅理解为开设一门或基本思想政治理论的知识课程。高校思想政治教育,事关为国家培养下一代有用的人才,要融入青少年的终身学习、全方位受教的过程中来看待,坚持用党的创新理论武装头脑,扎根于社会主义核心价值观教育的全过程,无论何时何地,为党育人的初心不能忘、为国育人的立场不能改。

从某种角度来讲,思政教育就是帮助学生认识人生应该在哪用力、如何用心、做什么样的人的一种教育工作。因而,必须坚持唯实以求,不能搞花架子;坚持唯效是图,不能走形式。要着力推动思政教育改革创新,不断增强针对性、时代感和吸引力,将思政铸魂融入素质教育全过程,才能保证学生在不同的成长阶段,思政教育"不缺席、不掉队"。

(二)真正做到塑造"完整的人"

当今社会的变化对当代大学生的思想产生了很大影响,大学生思想政治教育对于塑造大学生有着极为重要的作用。高校是培养高层次人才的基地,是进行马克思主义意识形态教育的重要阵地。要确保人才培养质量，确保中国特色社会主义事业后继有人，大学生思想政治教育必须加强三观教育、生命观教育、心理健康教育、职业道德教育、人文教育。

1. 大学生"三观"教育

"三观"是指世界观、价值观和人生观，是制约人生行为和方向的三大精神因素，或者说是人生的三大精神动力。大学时期的青年正处于世界观、人生观和价值观塑造的关键时期，因此帮助他们树立崇高的理想信念，树立起正确的"三观"是高校思想政治教育要完成的重要内容。在高校培养大学生形成正确的"三观"教育的过程中，学校要以要求和鼓励大学生以正确的"三观"践行崇高的理想信念，引领大学生寻找自己人生的正确方向。同时引导学生要在正确的"三观"引领下，提高自身综合素质，在大学期间不断获得成长、不断累积自身综合能力，将所学所知应用到社会中，专注专业领域，"一门心思"在专业上取得突破。当今时代各种文化交流频繁，大学生很容易就受到腐朽的思想影响，高校应在大学生产生错误的思想观念之前或错误思想正在形成之时，帮助其用正确的"三观"武装头脑，并树立追求远大理想、不断奋斗的做事精神及爱国主义思想。

2. 大学生生命观教育

首先我们要明确大学生的生命观教育的主要目的，就是为了让大学生明白生命的重要性和珍贵性，让大学生感悟并懂得珍惜生命，且能够让自己的生命发光发热。高校在对大学生进行生命观教育时，可以基于生命的有限性进行敬畏教育、基于生命的超越性进行意义教育、基于生命的创造性进行能力教育，即了解人的生命载体和肉体的存在都是有期限的，每个人的生命既不可替代又不可逆转，凸显了生命的可贵性。让学生在不断超越中，点燃生命激情，激发生活活力，提升生命境界，实现生命价值。生命观教育必须立足于大学生个体的生活之中，因为生命是存在的、发展的。"体验是人的生命存在的方式，是人追求生命作用、实现生命价值、焕发生命活力、走向生命超越的方式。"大学生的生命观教育一定要重视培养大学生生命体验情景，让大学生切实体验到生命的各种境况并领悟生命的价值。

3. 大学生心理健康教育

心理健康既是一门学科，也是一种实践活动，又是指一种心理状态，是探索和研究人的心理健康的形成、发展、变化和规律的一门学科，也是思想政治教育中很重要的一个环节。当前大学生心理健康状况总体向好，乐观向上的学生占主流。但少数学生受多种因素影响,仍存在一定程度的消极心理,比如浮躁、抱怨等。相对往年,教育界探索、丰富了更多学生群体的心理健康教育路径,建议高校心理健康教育应顺应新形势,可通过娱乐、音乐的方式进行设计,发挥艺术净化心灵、陶冶情操、完善人格的作用。其他对大学生心理健康教育的有效途径包括:宣传心理健康知识、开设大学生心理健康教育科、开展心理咨询、进行自我教育与自我调节等。大学生心理健康教育的作用不再局限于培养大学生心理素质本身,在高校全方位开展思想政治教育的大环境下,心理健康教育承载的价值也日益丰厚。有研究者认为,高校的心理健康教育与思想政治教育可在长期互动与结合中取得更积极的成效,提升育人实效。

4. 大学生职业道德教育

职业道德教育是构建社会主义和谐社会的重要途径,也是高等教育科学发展的重要措施。随着社会经济发展对人才要求的提高,以及大学生"就业难"问题的日益突出,大学生的工作态度、职业道德、职业操守的教育问题,也随之成为突出问题。因此,高校在对大学生进行职业道德教育的时候,必须注重时代对变化带来的影响。正确的职业道德教育主要包括以下几方面:第一,以爱岗敬业、艰苦奋斗为基础的职业情感教育;第二,以诚实守信、办事公道为核心的职业道德规范教育;第三,以甘于奉献、服务社会为宗旨的职业精神教育;第四,以遵纪守法、廉洁自律为基本要求的职业纪律教育;第五,以社会主义核心价值观为时代特征的职业操守教育;第六,以加强合作、勇于创新为导向的职业理念教育。

5. 大学生人文教育

《礼记·学记》中着重指出,"化民成俗,其必由学""建国军民,教学为先",此即"观乎人文,以化成天下"的人文育人见解。大学生到大学主要干什么?干三件事:学会如何做人;学会培养正确的思维;学会掌握必要的高层次知识与能力。人文素质教育是教学生"学会做人"的教育,在思想政治教育之中至关重要,是促进大学生人性境界提升、理想人格塑造,以及个人与社会价值实现的教育,其实质是人格教育。作为素质教育的核心,人文教育在高校教育中有着不可替代的作用。大学生需要人文教育、需要精神营养、需要"亲切而温暖的"人文关怀。

(三)融入当代大学生远大理想之中

在庆祝中华人民共和国成立 70 周年大会的讲话中,习近平总书记指出,"没有任何力量能够阻挡中国人民和中华民族的前进步伐。"①沧海横流，方显英雄本色，党的伟大事业都是在斗争中诞生、在斗争中发展、在斗争中壮大的。我们急需千百万担当民族复兴大任的时代新人。青年群体是我们祖国的未来，更是中华民族的希望，加强对青年群体的政治引领，重要的是要在经济技术发展的前提下，能够深刻地发挥思想政治教育的功能，引导广大青年把树立远大理想信念和脚踏实做事情有机统一起来，激励其在各行各业发挥主力军作用。

在高校思想政治教育过程中，各思想政治教育工作者应时刻坚持正确的政治方向，筑牢当代青年人的思想根基，通过思想政治教育解决好信仰、信念问题。在新时代的青年成长过程中，难免会产生各种各样的生活或者思想上的困惑和迷茫，也可能有因为各类新鲜声音的传递导致的动摇和不坚定。此时，高校作为青年人教育的主力军，就需要站出来，通过行之有效的思想政治教育方式坚定他们的立场和方向，通过创新改革思政育人模式，将大学生塑造成为政治坚定、思想成熟、科学文化知识和专业知识过硬，德才兼备的合格人才。

习近平总书记在北京主持召开学校思想政治理论课教师座谈会时指出，"思政课是落实立德树人根本任务的关键课程。"②对学校而言，学生在学校学习期间，通过思想政治理论课学习政治、了解政治，始终是高校思政工作的重点。思政育人要求我们应努力发挥和创新思政课育人优势，引导青年人听党话、跟党走，培塑担当精神，引导广大青年做奋斗者。

第二节 高校思政育人工作的理论基础与政策依据

高校思政育人体系中的"育人"就其广义而言，是对育人目标、育人主体、育人过程、育人手段及育人空间的整体统摄和宏观把握，要求高校不仅要让思想政治教育渗透、参与、影响立德树人的各个方面"育全人"，还要调动一切能够为思想政治教育工作发力的积极因素"全育人"。高校思想政治育人体系具体是指在党的领导下，在全体教职工与高校学生双主体的共同努力中，以立德树人为中心，将思想政治教育贯串、渗透教育教学全过程和学生成长、成才全过程，利用课上课下、线上线下育人空间，体现高校思想政治育人工作在时间上的全过程性、空间上的全方位性和内容上的全覆盖性，充分发挥高校思想政治整体性功能的有

---

① 引自 2019 年 10 月 1 日习近平在在庆祝中华人民共和国成立 70 周年大会上的讲话.
② 引自 2019 年 3 月 18 日，中共中央总书记、国家主席、中央军委主席习近平在北京主持召开学校思想政治理论课教师座谈会并发表重要讲话.

机工程，是聚"点"成"面"，引"线"转"体"的全面表述，是价值性、协同性、系统性的内在统一。

一、理论基础

（一）传统文化德政、师法育人思想

中国传统文化是崇尚德育、德政的文化，数千年的中国传统文化中蕴含着丰富的思想政治教育资源。我国古代教育主要是以孔子为代表的儒家学派思想为指导的教育。儒家所主张的"德政"和"仁德育人"是中华民族绵延数千年的精神支柱。孔子提倡的"德治育人"是最早的"思政育人"的体现。《论语·为政》中孔子提出"道之以政，齐之以刑，民免而无耻。道之以德，齐之以礼，有耻且格。"刑罚虽能让人不敢为恶，但道德教化却可以使人耻于为恶，其功效更为久远。孔子认同三字经中的"性相近，习相远"，人刚生下来的时候本性是相近的，但后天的教育和习惯会让人变得不一样，而教育的教化作用正是通过对人的发展施加影响而实现的。这就是思想政治教育在人的身心发展中的巨大作用。

孔子素来将道德教育置于教育首位，他认为为师者最重要的职责就在于先"立德"。《论语·述而篇》中孔子说："德之不修，学之不讲，闻义不能徙，不善不能改，是吾忧也。"孔子认为如果不培养品德，不学习知识，知道了道义，却不按照道义去做，有了缺点不改正，这就是老师所忧虑的。同样的为师者要先修德、立德，然后才能"育德"，德政育人是教育的根本。同样提倡以德治国的孟子说"以德行仁者王……以德服人者，中心悦而诚服也"《孟子·公孙丑章句上》，强调仁政和德政。这是我国思想政治教育的最初和最著名的两位代表，分别被称为"圣人"和"亚圣"。

"师法之化"由荀子在《荀子·性恶》中提出："然则从人之性，顺人之情，必出于争夺，合于犯分乱理，而归于暴。故必将有师法之化，礼义之道，然后出于辞让，合于文理，而归于治。"荀子认为，如果世人放纵或顺从自己欲望的本性，就会导致世间纷争或者产生暴乱，国家和社会将陷入混乱。因此，必须要对人们进行后天的教化和引导，而教化的基本方式就是通过教师的传授和法度的规范，这就是现代思政育人工作的来源之一。

朱熹说："尝谓学校之政，不患法制之不立，而患理义之不足悦其心。"[1] 以

---

① [宋]朱熹. 朱文公文集 [M]. 上海：上海古籍出版社，2002.

朱熹为代表的宋明理学家们主张,在学校教育中,要用思想理义来教育学生,应以正面教育为主,以防禁惩罚为辅,通过积极的正面教育,让学生懂得道理,自觉严格要求自己。朱熹主张将道德教育放在所有教育工作的第一位,学校要培养的是"讲明义理,以修其身"的人才。晚清时期,重要的思想家教育家康有为的《大同书》提到"以德育为先""养体开智以外,有以德育为重",① 明确了思想政治教育的首位性和重要性。

我国现代高校思政育人工作的发展,离不开几千年优秀的中华民族传统文化,传统文化就是现代高校思政育人工作的理论基础,给高校思政育人工作提供了重要的借鉴。

(二)马克思主义理论

1. 马克思主义人的需要观

马克思曾经指出"人们之间从一开始就有一种物质的联系,这种联系是由需要和生产方式决定的"。马克思主义从生存的角度提出,需要是人类的本性,而需要的满足,就要依靠实践来完成。郑永廷认为"思想政治教育是一种具有目的性具有超越性的实践活动",② 也就是说人的实践活动的目的是解决人的需要问题,而高校思政育人工作作为人类教育中具有特定目的性的实践活动,根源就来自人类寻求学习的本性和内在需要。所以说,高校思政育人工作实际上就是人的精神和物质需要的结果。高校思政育人工作是一种精神需要的本能作用于思想之后的实践活动,它的目的就是对大学生进行提高教育,促进大学生认识自我,促进大学生进行自我发展,促进大学生的精神领域、思想和物质生活都得到提升。

2. 马克思主义实践观

在《关于费尔巴哈的提纲》③ 中,马克思明确指出"全部社会生活在本质上是实践的",马克思主义强调实践活动在人的形成发展中具有重大意义。环境虽然对人的发展有决定性影响,但是环境本身也可以通过实践加以改变。教育受社会及人自身各种因素的制约,故而教育只有在实践中不断改革,人们才能在实践活动中接收环境和教育的影响。实践是人类有意识的自觉活动,思想政治教育是一种具有鲜明社会性的社会实践活动,高校思政育人工作是人的实践活动的体现,它是把不同时代不同环境下的思想理论有意识的作用于不同的人群,通过实践活

---

① 康有为.大同书[M].上海:上海古籍出版社,2005.
② 郑永廷.论思想政治教育的本质及其发展[J].教学与研究,2001(3).
③ 中共中央马克思恩格斯列宁斯大林著作编译局.《马克思恩格斯全集》[M].北京:人民出版社,1998.

动,得出不同的教育结果,培育符合时代要求的人才。思想教育实践活动使人的思想得到不同的改变,从而使人的境界得到提升,这就是思想作用于人的实践结果。

3. 马克思主义人的发展观

马克思主义人的发展观包括体力、智力、个性、思想道德和交往能力等方面,与需要观等观点有机构成马克思主义人学,是指人的全面而充分、自由而和谐的发展。马克思主义认为人的发展主要体现在自由发展、充分发展和全面发展三个方面。随着我党科学发展观的提出,以及党的十九大报告里把"必须坚持以人民为中心的发展思想,不断促进人的全面发展、全体人民共同富裕"定为新时代中国特色社会主义思想的"八个明确"之一后,马克思主义人的发展观作为思想政治教育的理论支撑,再次体现了它的重要性和必要性。因此在高校思政育人工作中要想让大学生得到全面、自由、充分的发展,必须以马克思主义人的发展观为依托,学生不能只是个人发展,而要全体发展;不能只是单方面发展,而要全面发展;思想政治教育就是高校思政育人工作促进大学生全面、自由、充分发展的有效且必要的途径。

4. 马克思主义以人为本观

马克思提出:"人的本质并不是单个人所固有的抽象物,在其现实性上,它是一切社会关系的总和。"全国高校思想政治工作会议上习近平总书记指出,思想政治工作就是以学生为本,围绕学生服务。在高校思政育人工作中,教育是人与人之间的互相作用,人及其关系既是高校思政育人体系建构的对象主体,又是育人体系建构的实施主体。在高校思政育人工作中,工作主体是包含所有可以给大学生进行教育的老师,对象是所有接受思政教育的学生,无论出发点还是落脚点都是学生,一切环节都是围绕学生展开。

(三)党和国家历届领导人重要思想政治教育论述

我国高校思政育人工作体系有着对中华民族几千年悠久传统文化的传承,它是党的思想政治工作体系的重要组成部分,是以马克思主义为指导的中国特色的思政育人体系,是我党和国家领导人不断适应新形势、新状况、新变化,在继承的基础上总结经验教训,凝练出的马克思主义中国化理论成果,是马克思主义理论的中国化实践,有着党和国家领导人的重要论述作为思想政治教育基础。

1. 毛泽东的思想政治教育理论

毛泽东的思想政治教育理论产生于中国革命时期,是中国革命实践的产物。

美国学者罗斯·特里尔（Ross Terrill）的《毛泽东传》，以及中国学者靳宏斌《毛泽东同志教育思想研究》中都认为，"人的因素第一"的思想始终贯串于毛泽东思想政治教育发展的全过程，并践行于毛泽东一生的革命言行之中。毛泽东说过"掌握思想教育，是团结全党进行伟大政治斗争的中心环节"，[①] 也就是说，毛泽东强调党的思想政治教育工作的重点，就是首先要抓住思想的主要内容，引领思想的发展方向。

2. 邓小平的思想政治教育理论

邓小平的思想政治教育理论，是把马克思主义人的发展观具体中国化的表现。在《邓小平文选》中提到，把人的全面发展具体化，把培养社会主义"四有新人"作为思想政治教育的根本任务和目标。1980年邓小平强调一定要切实做好把思想政治工作放在非常重要的地位，不能放松。邓小平在党的十一届六中全会上提出了党的思想政治工作是经济工作和其他一切工作生命线的论断。他强调"改善党的领导，加强思想政治工作，是最重要的环节"。思想政治工作是党发展教育工作的重要环节和保障，思想政治工作队伍是保障教育工作实施的人的培养和补充。

3. 江泽民的思想政治教育理论

江泽民的思想政治教育理论以人为视角。《十四大以来重要文献选编》中提到，江泽民对思想政治教育创造性地提出了首位论、首先论、基础论，即把思想政治建设放在党的建设的首位；加强思想政治建设要做到以思想为主，建设为辅；一切工作的进步都应以思想进步为基础。在全国教育工作会议上，他提出"引导和帮助青年学生树立正确的世界观、人生观、价值观，必须从加强理论教育、思想教育和政治工作入手"。

4. 胡锦涛的思想政治教育理论

胡锦涛的思想政治教育理论提出了"以人为本的科学发展观"。2003年12月全国宣传思想工作会议上，胡锦涛讲话并指出，宣传思想就是通过宣传工作影响人们的思想，做好思想政治工作必须坚持以人为本。以人为本，要在尊重和理解的基础上，对人关心理解、帮助照顾，思想政治工作就是要对人进行教育和引导，督促和鼓舞人们变好变强。2005年1月胡锦涛在全国加强和改进大学生思想政治教育工作会上科学系统地阐明了"以基本道德规范为基础""以理想信念教育为核心""以大学生全面发展为目标"，以及"以爱国主义教育为重点"等方

[①] 引自毛泽东. 毛泽东选集：第三卷[M]. 北京：人民出版社，1991.

面是大学生思想政治教育的基本内容，提出了"学校教育、育人为本，德智体美、德育为先"的十六字方针，这也是思想政治教育工作的基本原则和理念。

5. 习近平的思想政治教育理论

习近平的思想政治教育理论，有机构成了习近平新时代中国特色社会主义思想，指导并全面推进新时代高校思想政治教育。习近平总书记在全国高校思想政治工作会议中强调："高校思想政治工作关系高校培养什么样的人、如何培养人以及为谁培养人这个根本问题。要坚持把立德树人作为中心环节，把思想政治工作贯穿教育教学全过程，实现全程育人、全方位育人，努力开创我国高等教育事业发展新局面。"[①]他指出办好中国特色社会主义大学，要坚持立德树人，把培育和践行社会主义核心价值观融入教书育人全过程；强化思想引领，牢牢把握高校意识形态工作领导权。推动思想政治理论课改革创新，要不断增强思政课的思想性、理论性和亲和力、针对性。习近平的思想政治教育理论，"立德树人""三全育人"教育思想，是习近平新时代中国特色社会主义思想的有机组成部分。

二、政策依据

随着社会的发展，公民思想逐步发生变化，大学生思想也呈现出各种各样的复杂性特点，这种状况要求各大高校必须提高思想政治教育工作质量。思政育人工作具有不可替代的作用，所以说思政育人工作成效是检验高校办学水平和办学质量的标尺之一，这是一项长期的、需要不懈努力的大工程。改革开放以来，我国发布了一系列政策、法律、法规，以及讲话、文件、通知等，给高校思政育人工作提供了强有力的政策依据，给予了重要的指导和规范作用，主要有以下几个方面。

（一）高校思政工作"十大"育人体系

2017年教育部发布的《高校思想政治工作质量提升工程实施纲要》明确指出，高校思想政治工作应该坚持立德树人的基本任务，坚持思政育人工作的价值引领，坚持分类指导、因材施教，坚持党对高校思政育人工作领导的四个原则，充分发挥课程、科研、文化、管理、服务、实践、网络、心理、资助、组织十方面工作功能的"十大"育人体系，全面提高人才培养能力。

---

① 引自2016年12月7日至8日习近平在全国高校思想政治工作会议上的讲话.

（二）全国教育大会讲话

2018年教师节，习近平总书记再次强调了思想政治工作在教育中的重要性。教育是国之大事，国之根本，高校思政育人工作是一项系统的教育工程。构建立体多元的思政育人激励体系、协同高校的思政育人工作格局，完善思政育人工作的长效机制，有利于思政育人工作的有效实施。思想政治工作关系着学校各项工作的开展，关系着高校为国家和社会培养建设者和接班人的关键。

（三）学校思想政治理论课教师座谈会讲话

2019年3月18日，习近平总书记出席学校思想政治理论课教师座谈会并指出，思政育人工作是一项系统而且复杂的工程，在高校开设思政理论课要以科学的理论为基础，培养"六个相统一"的人才，落实立德树人根本任务，全力为祖国培养优秀人才。高校应重视思政理论课教师工作，要重视高校思政课程的实践性，加强思政育人教师队伍与学生工作队伍的深度融合。

（四）新时代高校思想政治理论课教师队伍建设规定

2020年1月，教育部第一次部务会议通过《新时代高校思想政治理论课教师队伍建设规定》，教育部强调高校思政育人工作需要各方面力量共同支持和配合思政课教师开展工作，思政育人工作需要调动所有工作者参与的积极性和主动性，提升思政课教学效果和质量。高校要培养一批专职为主、专兼结合的思政教师，高校思想政治教育教师不仅仅要讲好思政课，还要在增强自己"四个意识"的基础上，做好"六个统一"，做好学生思想教育引导工作。

（五）关于加快构建高校思想政治工作体系的意见

2020年5月，高校思想政治工作领域出台了《关于加快构建高校思想政治工作体系的意见》，提出构建一个全面、多样、层进、互补的课程体系，建设一批提高高校学生素质的公共基础课；提出要提升校园新媒体网络平台的服务力，发挥网络思政育人载体作用，把心理健康教育课程纳入整体教学计划，每个学校必须配备不少于2名的专业心理健康教师，发挥育人主体作用，坚持育人、育心、育德相统一。

第三节　高校思政育人体系建设的时代特征与价值

不管什么时代，一个社会的发展进步都离不开价值引领的强大感召和激励，科技创新、全球化互动正在改变着我们的生活状态和交往方式，充分发挥社会主义核心价值观的价值引领的作用，是当前应对多元思潮冲击的强心剂，是维护我国一元意识形态的稳定器。在社会主义核心价值观的共建共享下，我国越来越多的公民自觉地建立起强大的"中国信念"，培植起深厚的爱国主义情怀，推动着我国向着中华民族伟大复兴的"中国梦"不断奋进。一个群体内部具有强大的价值导向吸引力，可以强化主体的角色意识，明确责任边界，增强群体凝聚力和自信心。

从思想政治教育的学科特质来看，思想政治教育与其他社会自然科学不同，其实质是在观念、思想、精神层面对公民进行影响、改造的哲学社会科学，是知识内化与行为外化的双重同一。因此，高校在进行思想政治教育工作的每一个环节中，都要充分认识到价值引领的重要性。高校思想政治育人体系的创建，首先需要明确体系中主体需要遵循的共同的价值原则和导向，始终把价值作为贯串所有环节的内容，牢牢把控正确的教育教学方向，抓住学生与高校教师这两个主体，在"共情"中强化思想政治教育主体对自身身份的认同感，打通各主体间的沟通通道，激活其主体育人力量"心往一处想"的同时，确保最终形成的思想政治育人体系合乎规范，向着正确的道路和方向迈进，从而保质保量地完成时代、社会、国家、党所要求的思想政治教育工作的目标，构建高校思想政治教育工作的同心圆。

一、高校思政育人体系建设的时代特征

时代的发展赋予了思想政治育人体系建设新的特征。理解思想政治育人体系建设的时代特征，不仅是思想认识的重要环节，也是创新思想政治育人体系建设实现路径的基本要求。

高校思想政治育人体系有着丰富的思想内涵，探究新时代高校思想政治教育育人体系，就需要结合"培养什么人、怎样培养人、为谁培养人"这一根本问题，从整体上把握高校思想政治育人体系的基本内容与核心要义。

社会主义道德作为先进的道德体系，是以马克思主义为指导的，其核心是为人民服务，集体主义是其基本原则，体现的是无产阶级和广大劳动人民的根本利

益和长远利益，是共产主义道德在社会主义阶段的体现。高校思想政治教育育人体系中的核心内容，毫无疑问就是社会主义道德。社会主义道德是以爱祖国、爱人民、爱劳动、爱科学、爱社会主义为基本要求的，内容包含社会公德、职业道德、家庭美德和个人品德等方面。培育社会主义道德，对个人健康成长、社会良性运转和国家长远发展，对实现人的自由而全面的发展有着重要的现实意义。总之，以社会主义道德为高校思想政治教育育人体系建设之根本，是我国社会主义社会的本质要求，也是我国传统价值观念的当代体现，更是高校思想政治教育育人体系的内在规定。因此，必然要坚持树立社会主义道德这一根本要求。

党的十八大以来，党和国家各项事业均取得了历史性、根本性的变革和成就，比历史上任何时期都更加接近实现民族复兴的"中国梦"。习近平总书记在高校思想政治理论课教师座谈会中指出："我们党立志于中华民族千秋伟业，必须培养一代又一代拥护中国共产党领导和我国社会主义制度、立志为中国特色社会主义事业奋斗终身的有用人才。"① 这一重要论述揭示了高校思想政治育人体系的精神实质，科学回答了"为谁培养人、怎样培养人"的问题。中国共产党立志于中华民族千秋伟业，有着历史必然性。近代以来，中华民族内忧外患，在民族存亡之际，中国共产党人自觉肩负起历史重托、人民重托，成为中国革命和中华民族复兴的中流砥柱，依靠人民实现了民族独立，走上了社会主义大道。这是历史和人民的选择，也是中国共产党的担当所在。

历史和现实有力地证明，只有中国共产党才能引领中华民族走向未来。而培养一代又一代拥护中国共产党领导和我国社会主义制度、立志为中国特色社会主义事业奋斗的有用人才，这是中国共产党引领中华民族走向未来的重要保障。换言之，高校思想政治育人体系具有基础性的作用，只有借此为中国特色社会主义事业培养奋斗终生的有用人才，才能确保党和人民的事业后继有人，才能从根本上确保最广大人民根本利益的实现。二者是内在统一的关系。这是高校思想政治育人体系的本质。

把握高校思想政治育人体系的思想内涵，是时代与实践的要求。在我国诸多教育思想中，对德与才的表述不胜枚举，如"三不朽"就将立德置于首要地位，又如德才兼备、以德为先的思想等。总体来看，高校思想政治育人体系如何建设、建设的成效如何，其前提要求就是要立德，人无德不立，拥有良好的思想品德是成为有用人才的必然要求。而要培养有用人才，就必然要培养其优秀的思想品德，这是培养有用人才的必然要求。在新时代落实立德树人根本任务，要善于把握德

---

① 引自2019年3月18日习近平总书记在学校思想政治理论课教师座谈会上的讲话．

与才二者辩证统一的关系，将"立德"与"树人"真正统一起来。

（一）充分把握目标导向的要求

高校思政育人体系的导向性体现在目标明确方面。导向性，通俗讲即方向性，高校思政育人体系的目标具有明确的导向性，即具有鲜明的理想性和方向性，从而引导受教育者成长、成才。之所以讲其目标具有明确的导向性是因为：高校思政育人体系的核心和落脚点是育人。新时代如何育人、育什么样的人及为谁育人，对这个问题的回答必须旗帜鲜明，不能含糊。这是落实高校思政育人体系的逻辑前提。我国是中国共产党领导的社会主义国家，新时代是对我国发展阶段的科学定位，那么高校思政育人体系的目标毫无疑问培育的是堪当民族复兴重任的时代新人，培育的是合格的社会主义建设者和接班人。这是中国特色教育事业的本质要求，是思政育人体系的目标导向所在。这一目标导向不仅体现了新时代国家发展和民族复兴的内在要求，也深刻揭示了新时代个人成长、成才的必然路径。因此，必须要把握这一目标导向的要求。

（二）立足于时代发展的变化

高校思政育人体系的内容具有鲜明的时代性。这里所讲的时代性，是指高校思政育人体系的思想内容立足于时代发展的变化，反映的是时代发展的要求，彰显的是时代发展的需要。就新时代"立德"的内容来讲，不仅要弘扬中华民族传统美德，着眼于立社会主义之社会公德、职业道德、家庭美德、个人品德，更要学习和运用马克思主义中国化理论成果，特别是要将学习和运用习近平新时代中国特色社会主义思想贯串立德树人过程中。这是新时代立社会主义之德的必然要求。构建高校思政育人体系，就要自觉以习近平新时代中国特色社会主义思想为指导，将这一重大理论融入实践的方方面面。

新时代不仅要培养合格的社会主义建设者和接班人，培养致力于国家治理体系和治理能力现代化的有用人才，还要培育能讲好中国故事、传播好中国声音的，具有全球视野、未来视野的复合型人才。这是立足于新时代发展要求的体现，也是立足于我国发展时空坐标的体现，具有鲜明的时代性要求。就新时代高校思政育人体系的方法论要求而言，一是新时代立德树人更加注重、体现德育在高校教育中的重要地位和作用，更加突出德育在人的全面发展教育中的作用，将促进人的德行成长定义为教育的首要任务，同时也强调了个人品德修养的重要性；二是更加注重和突出劳动教育的地位，特别是注重劳动、劳动教育对于个人成长、成才的深远影响，强调"德智体美劳"的统一。

（三）实现全员、全过程育人

思想政治育人体系建设是一项系统工程，其实践过程具有系统性，主要体现在育人过程的系统性、复杂性和长期性上。21世纪的中国社会是数字化、网络化和智能化的社会，其网络通达便捷，各种思想激荡，对思想政治育人体系建设实践的要求也不断增加。新时代落实思想政治育人体系建设，就要"统筹推进育人方式、办学模式、管理体制、保障机制改革，使各级各类教育更加符合教育规律、更加符合人才成长规律、更能促进人的全面发展"，实现全员、全过程育人"。

在新时代思想政治育人体系建设的实践过程中，把握系统性的要求，从实践过程中系统与要素、要素与要素，以及系统与环境的相互联系、相互作用来探究思想政治育人体系建设的思路所在，真正形成系统化的育人体系，方能构建起全员、全过程的育人模式，更好地满足思想政治育人体系建设实践过程中系统性的要求。

二、高校思政育人体系构建的时代价值

（一）促使人才培养体系完善

高校思政育人体系构建有利于完善高校人才培养体系。在知识经济的背景下，人才是社会发展的第一资源。我国在社会发展转型的关键时期，对人才的素质、水平、能力有着更高的要求。高校学生是民族、国家的希望，对高校学生的培养是教育主体的共同诉求。习近平总书记在全国教育大会上发表讲话，指出当代高校要"构建德智体美劳全面培养的教育体系，形成更高水平的人才培养体系"，同时还强调高校人才培养体系的创建过程中，要对学科体系、教学体系、教材体系、管理体系几个主要层面做出变革，提升高校育人工作的整体水平和质量，做到思想道德、文化知识及社会实践并重。[①]思想政治教育工作在高校人才培养体系中处于统领地位，高校全方位思想政治育人体系的构建，正是高站位地对高校思想整治工作进行统筹谋划的设计方案，是帮助高校人才培养体系补足短板，强化优势的必然选择，有利于新时代高校人才培养体系在适应社会的矛盾变化中不断进行完善、优化和升级，开创工作新局面、新态势。

（二）将人才培养素质有效提升

高校思政育人体系构建有利于提高高校人才培养素质。相关的文件指出，在高校思想政治工作的加强与改进工作中，要"培养又红又专、德才兼备、全面发

---

① 引自2018年9月10日习近平在全国教育大会上的讲话.

展的中国特色社会主义合格建设者和可靠接班人",为"两个一百年"及中华民族伟大复兴的实现提供人才支持;《高校思想政治工作质量提升工程实施纲要》中更加明确地指出,高校人才培养的总体目标是,"着力培养德智体美全面发展的社会主义建设者和接班人,着力培养担当民族复兴大任的时代新人"。高校作为党的意识形态工作的前沿阵地,在多元文化渗透和冲击的大环境下,更加要将意识形态阵地建设工作落实到位,为高校学生的全面发展指明正确的方向。当前国际国内的形势复杂多变,而高校学生求知欲强、好奇心旺,思想价值观念极易遭受不良思想的侵蚀,不利于健康"三观"的塑造,也会对其的全面发展造成一定的负面影响。在当代高校学生的全面发展及综合素质的培养过程中,只有先行对当代高校学生施加正向的思想政治教育影响,才能为高校学生的全面发展指明正确的方向和道路。此外,高校全方位思想政治育人体系着眼于新时代,从宏观视角将传统思想政治工作进行立体化升级,在不同层面满足高校学生成长、成才的需求,"全育人"且"育全人",在理论与实践中、在生理上与心理上均切切实实提升其获得感、满足感。因此,高校全方位思想政治育人体系构建的时代意义还体现在,可以为高校人才道德素质水平的提升,以及综合能力的增强提供强大助力。

(三)扩大高校影响力

高校思政育人体系构建,有利于提高高校影响力。建设世界一流大学和一流学科,即"双一流"大学,这是我党在教育领域所推行的一大重要战略,其中将打造具有中国特色和世界影响力的新型高校智库作为重点任务之一推进。长期以来,我国对教育工作都予以高度重视,高校建设工作也初步获取了一定的成果,拥有了世界范围内规模最大、增长速度最快的高等教育系统。但与此同时,世界经合组织所公布的调查数据显示,2018年中国25~64岁人口中受过高等教育的比例为17%,而发达国家的水平基本在40%~50%左右。由此可以看出,当前我国高校人才培养工作仍面临着巨大的挑战,与发达国家之间存在较大的差距,我国高校在世界范围内的影响力仍然较低。应当将立德树人视作高校全部工作成效的检验标准,并将其融入高校建设、高校管理的每一个环节之中,将立德作为教育工作的根本。这一表述充分强调了思想政治教育工作对于高校整体工作开展的重要性与必要性,也间接说明了高校全方位思想政治育人体系的全面构建,不仅对"双一流"大学建设任务的推进具有积极影响,更关键的是有利于走出一条面向世界、面向未来的中国特色社会主义高校发展之路,在提升我国高等教育的整体水平的同时，扩大国际影响力。

三、高校思政育人体系构建的现实意义

现实意义是理解和把握高校思政育人体系建设内涵和实践要求的重要方面。对高校思想育人体系建设现实意义的考察，可以很好地帮助教师深化对新时代高校思政育人体系建设实践的认识，有利于准确把握新时代高校思想育人体系建设的重大意义。

（一）社会发展进步的切实要求

思想政治育人体系的落脚点在育人，社会发展进步的根源在于人的进步，这是思想政治育人体系与社会发展进步的理论基础。社会发展进步是指社会运动、变化和发展过程呈现的是一种前进的、上升的、由低级向高级演进的历史趋势。人类社会之所以呈现出不断发展的历史趋势，主要根源在于社会内部的基本矛盾运动。换言之，社会进步的根本动力来自生产力和生产关系、经济基础和上层建筑的矛盾运动。这是社会发展进步的根本原因。在这一过程中，人是最核心的要素。宏观地讲，思想政治育人体系实践对于促进社会发展进步的表现主要在促进生产力的发展、促进生产关系的变革，而在生产力的诸要素中，人是最活跃的、能动的要素，特别是用思想知识和科学技术武装起来的"劳动者"最为积极、最为革命。微观地讲，思想政治育人体系建设的实践可以很好地促进科学技术发展、社会交往发展及现代文明发展。这是思想政治育人体系建设实践促进社会发展的具现化体现，也是现实意义其在社会领域中最为直接的体现。当前，我国经济社会发展迅速，人们对建成自由、平等、公正、法治的美好社会更加向往、更加迫切。新时代高校就是要着力回应人民对于社会发展进步的现实需求，要将思想政治育人体系的现实意义与促进社会发展进步更好地统一起来。

（二）实现民族复兴的重要举措

习近平书记在党的十九大上指出："实现中华民族伟大复兴，是近代以来中华民族最伟大的梦想，是激励中华儿女团结奋进、开辟未来的精神旗帜。"[①] 实现民族复兴，需要强大的智力支撑和人才支撑，而立德树人的重要意义就在于对人力资源、治理资源的涵养孕育，这是立德树人是实现民族复兴重要举措的现实依据。通俗地讲，立德树人所立之德是社会主义道德，所树之人是社会主义合格建

---

① 引自习近平在2017年10月18日至10月24日中国共产党第十九次全国代表大会上的讲话.

设者和接班人，这与民族复兴的价值理念与实践要是相一致的。换言之，民族复兴的价值理念与实践要求统一于个人立德成才的实践，贯串社会主义现代化建设的进程中，其内在要求为培养民族复兴夙愿建设者和接班人；而新时代实现民族伟大复兴，同样对立德树人实践提出了新的、更高的要求，这是立德树人与民族复兴的辩证关系所在。勠力实现民族复兴，不仅为立德树人提供了明确的价值导向，也可以很好地帮助国家统一思想共识、凝聚社会力量。新时代实现中华民族伟大复兴，就需要进一步强化高校立德树人的重要作用，将我国人口优势更好地转化为人力资源优势，不断提升国民综合素质，为实现民族复兴积蓄力量，更好地服务于民族复兴的伟大实践。

（三）我国高校的发展需求

思想政治教育是高校工作的重要主题，也是评价高校工作成效的根本尺度，是高校的发展需求。高校的发展需求，是指其得以立足存续的关键、根据。思想政治育人体系之所以是我国高校的发展需求，是因为高校肩负着为党育人、为国育才的重要责任，其地位与作用不容小视。一方面，思政工作是高校工作的根本要求，也决定了为党育人、为国育才的基本内容，即德育的全部实践。新时代我国高校发展，只有紧紧围绕思想政治育人体系这一根本任务，才能真正发挥自身的重要作用，进而也能实现高校自身的长远发展。另一方面，评价高校工作的成效，要把握思想政治育人体系这一根本任务。思想政治育人体系既是高校工作的鲜明主题，必然也是检验高校工作成效的标准，这是由我国高校的工作任务和工作目标所决定的。换言之，办好中国特色社会主义高校，思想政治育人体系的建设是最为根本的评价标准，是促进和带动高校其他工作发展的统率，也是真正培养一流人才、建成世界一流大学，以至高校能在经济社会发展中发挥积极作用的重要保证。

（四）学生个人成才的重要保障

思想政治育人体系作为学校的重要任务，贯串于学校教育的方方面面，对个人成才起到了重要的保障作用。其表现为良好品德养成、知识技能习得、完善人格塑造、身心发展促进等多个方面。学校教育是个人成长、成才的重要手段，也是个人社会化的重要途径。学生阶段是人生发展的关键阶段，也是最具可塑性的阶段，"青少年阶段是人生的'拔节孕穗期'，最需要精心引导和栽培。""教育的作用在于摆脱和弥合片面分工给个人所造成的片面性，为个人的全面发展创造条件，使全体社会成员的才能得到充分发展。"学校思想政治育人体系建设的实践，本质就是学生成长、成才的引导与栽培，包括良好品行的培养、知识技能的传授、健全人格的塑造、身心发展的促进等多个方面，其价值旨归在于促进个人的全面发展，这与个人成长、成才的内在诉求是一致的。可以说，学校教育在个人成才的实践中扮演了至关重要的角色，其作用不可或缺、不可替代。新时代高校思想政治育人体系的建设，就应善于把握其对个人成才的现实意义，客观地认识到学校教育的重要作用。

第三章　新时代高校思政育人体系构建面临的困境

本章内容为新时代高校思政育人体系构建面临的困境，首先，介绍了新时代高校思政育人体系取得的成效；其次，详细论述了高校思政育人体系面临的困境；最后，对高校思政育人体系面临困境的原因进行了分析。

第一节　新时代高校思政育人体系取得的成效

一、教学方法体系

中华人民共和国成立以来，随着思想政治理论课被确立为高校教育的重要组成部分而得以展开，高校思想政治理论课教学方法亦适应教学实际的变革而不断发展丰富。总体来看，在不同时期形成了各自可行的教学方法，具体如下。

1985之前，高校的教学方法特点是理论结合实际、政治结合业务、体验式、启发式。之后，在扬弃前一阶段科学方法的基础上，更加重视教学方法中对学生主体能力的培养，同时对课堂、小组讨论等有效的教学方法进行了探索。

一直到1998年，教学方法变得更为丰富，包括讲授法、讨论法、案例法、因材施教教学法、体验教学法、探索式教学法等。这一阶段充分利用了现代技术在教学方法创新上的价值。而再发展到2005年，高校在高度重视理论联系实际的前提下，倡导启发式、参与式、研究式、讨论式教学，并初探专题讲授、案例教学、示范教学，充分利用新媒体网络实现教学方法现代化，突出了实践教学的地位。

如今，新时代普遍使用的教学方法，以课堂讲授为主划分：启发式，专题式；以师生主体互动划分为案例式、情景式、讨论式、体验式、项目式。

可见，经历中华人民共和国成立以来七十余年的创新发展，当前我国高校思想政治理论课已经形成科学可行的教学方法系统。我们对这一时期的高校思想政治理论课教学方法的研究和认识，应持一种科学的态度，既要从整体出发去认识不同阶段的教学方法，避免出现割断前后阶段教学方法间的有机联系和历史承继性的形而上学的错误，比如，理论灌输、理论联系实际教学法等是始终存在并极其重要的教学方法；又要规避"眉毛胡子一把抓"的"一刀切"，只见整体性而忽视阶段性，抹杀教学方法与时俱进发展的科学性特征，比如某些教学方法需借助现代技术设备，这种教学方法的实现是建立在现代技术发展的基础之上的，这在改革开放前的一定时期是不能实现的。唯有如此，对思想政治理论课教学方法的探究才能兼顾整体性与科学性的有机统一。

由不同时期形成的可行的教学方法可知：首先，中华人民共和国成立以来我国高校思想政治理论课教学方法探索已经取得丰硕成果，在形式上实现了多样化、丰富性发展，踏入新时代，伴随着高校思想政治理论课一线高校教师对教学方法的不断创新和实践，还有诸多有效的方法有待研究并加以推广；其次，高校思想政治理论课教学方法理念逐渐全面，展现了理论性与人本性理念的有机统一。由不同时期的主要教学方法可知，中华人民共和国成立至1985年，这一相当长的历史时期内，虽然教学方法凸显理论灌输、知识传达目的，但对受教育者主体的关注远远不够。然1985年后，教学方法中更加重视受教育主体实际，由前一时期的重理论灌输到兼顾人本性协同发展，可以说，从这一时期高校思想政治理论课便逐渐确立了"立德树人"的根本目的，这无疑是教学方法的大发展。

当然，在教学方法丰富发展的同时，教学载体也在多样化发展，如表3-1所示。

表3-1　当前高校思想政治理论课教学载体一览表（部分）

划分依据	载体类别
以不同时空划分	传统载体；现代载体
以不同场域划分	课内载体；课外载体
以是否利用现代网络信息技术为中介划分	线上载体；线下载体
以教学内容依托对象划分	课程载体；文化载体；活动载体；大众传媒载体等

如表3-1所示，当前高校思想政治理论课教学载体伴随着教学方法的丰富发展也实现了多样化发展，这无疑为思想政治理论课教学开展提供了更多的选择。

二、课程体系

改革开放以来，随着我国高等教育发展实际需求的变化，尤其是高校意识形态教育实际需求的变化，我国不断地更新和完善高校公共政治课的课程体系，不断加强课程体系建设，为高校意识形态教育提供了坚实的课程支撑。1978年以来我国高校思想政治理论课课程设置的变迁情况，如表3-2所示。

表 3-2　1978 年以来我国高校思想政治理论课课程设置变迁情况

课程	1978年，"老四门"	1985年，"新四门"	1987年，"两课"	1998年，新"两课"	2005年至今，新课程体系
马克思主义理论课	辩证唯物主义与历史唯物主义	马克思主义原理	马克思主义原理	马克思主义哲学原理	马克思主义基本原理
	政治经济学	中国革命史		马克思主义政治经济学原理	
	中共党史	中国社会主义建设	中国革命史	毛泽东思想概论	毛泽东思想、邓小平理论和"三个代表"重要思想概论（2008年改为：毛泽东思想和中国特色社会主义理论体系概论）
	国际共产主义运动史	世界政治经济与国际关系	中国社会主义建设	邓小平理论概论	
			世界政治经济与国际关系	当代世界经济与政治	中国近现代史纲要
				形势与政策课程	形势与政策课程
					当代世界政治与经济
思想教育课程			思想道德修养	思想道德修养	思想道德修养与法律基础
			法律基础	法律基础	

回顾这一时期高校公共政治课课程体系发展变革的基本经验与过程，是应对世情、国情发展变化对高校学生培养提出新要求的回应，比如在"两课"中加入"形势与政策"课程以及在新课程体系中加入"形势与政策"课程和"当代世界经济与政治"两门课程，其目的非常明显，即回应21世纪对外开放背景下对具有全球观念、时事观念的高校人才的需求；同时，这一时期我国高校公共政治课课程体系的变革发展的基本经验，是事物发展规律的基本要求，比如在理论课教育的内容上，中国化的马克思主义理论成果将不断成为理论课的内容。2017年党的十九大成功召开，中国特色社会主义进入新时代，马克思主义中国化最新成果应运而生，我国高校开启了研究、学习习近平新时代中国特色社会主义思想的浪潮。

为了保障思想政治理论课建设的强力开展，确保党的理论创新协同推进，2019年8月，中共中央办公厅、国务院办公厅在《关于深化新时代学校思想政治理论课改革创新的若干意见》中指出，要加强以习近平新时代中国特色社会主义思想为核心内容的思想政治理论课课程群建设，全国重点马克思主义学院率先开设"习近平新时代中国特色社会主义思想概论"课程。这一提法，从课程建设的高度对习近平新时代中国特色社会主义思想的研习提出了要求，也丰富了思想政治教育课理论理论的时代内容，保证了理论课教育内容的与时俱进。总之，思想政治理论课课程体系建设的成功经验将来仍是我国高校公共政治课程体系建设的有益经验。

三、教材体系

伴随着高校思想政治理论课课程体系的变革发展，高校思想政治理论课的教材体系的逐渐发展也是课程发展的应有之义和内在要求。20世纪80年代以来，高校公共政治课教材编写经历了各自为战编写阶段、择优推荐与自主选择阶段、统编阶段等发展阶段，如表3-3所示。

表3-3 20世纪80年代以来高校思想政治理论课教材体系变革一览

高校教师、高校各自编写阶段	1980年，教育部提出，在遵循教育部关于马克思列宁主义各门课程相关基本内容、章节体系的前提下，各高校可以依据教学大纲规定、学校本身或者组织思政课专职高校教师进行教材编写和使用，也可以使用推荐教材
择优推荐、自主选择阶段	1985年，通过成立全国马克思主义思想理论课教材编审委员会，开展思想政治理论课课程设置、教材编定、参考资料研究等工作，思想政治理论课教材编写水平科学化、专业化水准大幅度提升。1998年，教育部组织编写各门课程的示范教材并在全国高校推荐使用。除教育部批准的改革试点学校以外，各高校不再自编教材
统编阶段	2005年，中宣部、教育部实施新的课程方案，成立高校思想政治理论课教材编写领导小组，教材编写工作成为马克思主义理论研究和建设工程的有机组成部分，随着《中共中央宣传部教育部关于进一步加强和改进高等学校思想政治理论课的意见》的教材编审委员会成立，自2006年开始，思想政治理论课教材编写、出版、使用正式进入统一阶段，这也意味着高水平教材编写体系的成立。此后，教材编写一直追求新理论、新思想的"三进"工作。2019年，中共中央办公厅、国务院办公厅《关于深化新时代学校思想政治理论课改革创新的若干意见》指出，国家教材委员会统编统审统一开设大中小学思想政治理论课教材，并研究编制习近平新时代中国特色社会主义思想进课程教材指导纲要，中华优秀传统文化、革命文化、社会主义先进文化、科技创新文化及总体国家安全观等进课程教材指南。至此，思想政治理论课教材体系实现与时俱进地发展

据此可知，我国在探索和完善高校意识形态教育所需的教材体系建设上已经取得了巨大的成效。教材体系的不断发展为承载意识形态教育知识提供了载体，

为课程体系意识形态教育主渠道作用的发挥奠定了重要基础。

但事实上，思政教材理论深刻性与表述生动性之间难以兼顾。在教材编写过程中，一直存在一个棘手而又必须兼顾的问题，那就是理论深刻性与表述生动性之间的矛盾问题。理论，为了表达准确，通常而言都是深刻的，而这种深刻的表述又使其被冠以呆板的认知偏见，尤其是那些来自官方决议的理论，由于官方化成分过重，在学习过程中很容易使学生感到吃力、乏味，很难调动学生的学习兴趣、维持学生持续的学习动机。相反，学生对于那些生动的表述会易于接受，比如党的十九大报告中谈及民族团结时说道"促进各民族像石榴籽一样紧紧抱在一起"，[1]这种带有感情的文字，用生动的话语表达了民族团结的理论，这样的表达更受学生的欢迎。但如果教材中处处都是如此生动的表达，那么，理论的深刻性又如何体现呢？因此，教材编写过程中如何处理好理论深刻性与表述生动性之间的关系，是一个极具智慧的问题，这对关系的处理，对于思想政治理论课时效性的取得具有重要的决定意义。

四、教学环境方面

改革开放四十余年以来，伴随着我国的经济实力不断迈上新的台阶，21世纪国际竞争以科技和人才竞争为中心的竞争模式的诱导，以及党和政府对高校教育重要性的认识，我国不断加大了对高校的教育投入，不断改善、优化了高校的教学环境。这种改变，最显著、可量化的便是高校在硬件设施（显性环境）上翻天覆地的变化。

首先，新媒体教学设备对传统的"三尺讲台、粉笔灰模式"的替代，使得教育资源的获取更加便利、教育模式的选择更加多样、教学体验更加深刻、教学效果更加高效，同时也减少了粉笔大量使用对师生身体健康的负面影响。

其次，现代化图书馆的建设，以及丰富的线上线下图书资源的配备，为高校教师的备课和学生的学习提供了必要条件，这种教学环境的改善，扩宽了传统教学的范围，对于师生的共同发展具有重要意义。当然，隐性环境的改善也具有重要的作用。比如伴随"高校教师主导、学生主体""教学相长"等教学理念的实践所造成的师生关系的变革，师生关系由传统的"权威式"转变为"民主式"，这种师生关系定位的转变，也是整个教学环境改善的重要表现。在这些因素的共同影响下，高校教学的实效性不断提升，当然也为增强高校意识形态教育实效性

---

[1] 引自习近平在2017年10月18日至10月24日中国共产党第十九次全国代表大会上的讲话．

提供了有利条件。

第二节 高校思政育人体系面临的困境

发现问题，是解决问题的第一步。高校思政育人体系整体建构虽然取得了一定的成效，但同时也存在一定的问题，主要表现在以下几个方面。

一、思想政治教育教学效果不理想

当前，我国的思想政治教育取得了长足的进步和丰硕的成果，但也存在一定的问题。一般来说，思维的起点决定思考的结果，把握概念应该从问题着手。无论是从理论上深刻理解高校思政育人体系，还是在实践中扎实推进高校思政育人体系，都必须明晰高校思政育人体系的问题指向，从而精准把握高校思政育人体系的实践要求。也就是说，我们绝不能仅把高校思政育人体系作为一个新概念和新术语来看待，而应清晰地把握高校思想政治育人体系意欲破解的思想政治教育目前面临的困境和问题，思考高校思政育人体系如何才能提高思想政治教育的针对性和有效性。为此，作为高校思想政治教育工作者，应该以学生为核心，逐步从思想、理念、方式等多方面来进行体系的构建与创新、完善，调动学生发展的能动性与发展的创造性，以人性化、个性化的方式来对学生进行教育与指导，帮助学生更好、更全面地发展。

（一）学生参与感不强

高校学生作为具有独立自主意识和基础知识储备的个体，其知识的吸收和理论的建构不是一个单向度的被动接受过程，而是应在对所接触信息的理性选择中发展培育起来的。

虽然在思想政治教育的理论研究和探索中都对学生这一对象的主体地位给予了充分的肯定和拔高，但在传统教育思想、灌输式教育的影响下，高校学生在思想政治教育工作中往往参与感不强，缺乏自觉主动的学习动机。

同时，在社团活动中，受管理体制的束缚，学生自身的兴趣和需要得不到充分满足，不利于培养学生的组织、协调、创新能力，也不能充分发挥其作为主体的主观能动性。此外，对于学生思想政治素养的评价很多时候还停留在考试的层面，这也导致高校学生难以发挥自己的主动性，进而不能参与到教学活动中。

（二）思想政治教育实施者存在不足

思想政治教育实施者自身或者说由于其受到外部条件的制约还存在很多的不足，具体来说，主要包括以下方面。

1. 缺乏主动性

高校思想政治教育的实施者主要包括高校思想政治理论课教师、专业课教师、辅导员、党务工作者、管理、服务人员及学生。这些人员自身发展的主动性不足。这些人员能否明确自身的角色定位，充分发挥积极性、主动性和创造性关乎高校思想政治理论课教学成效和队伍建设质量，但当前这些人员自身发展的主动性不足，表现在很多的方面。

最明显的是他们作为育人主体的育人热情尚未完全唤醒，育人的主体性、能动性发挥受限。辅导员、班主任作为高校学生成长之路的引领者、指导者的角色，被事务管理者的角色所替代。在处理班级和学生的日常事务时也只是就事论事，对当下产生的结果进行处理和止损，而对事件发生的背景、过程、推动因素和其中暗含的思想行为倾向关注较少，导致实质问题得不到根本性的解决。党务工作者在发展人才、制订活动计划时疲于应付过于繁杂的流程，在唤醒校园特色、贴合人的全面发展规律，充分调动师生参与积极性这一方面的工作捉襟见肘。高校管理呈现"行政化"的特点，管理人员在日常工作中通常以稳定、有序、绩效为基本追求，在制度体系、管理方式的选择上尚不能满足时代和学生的期待和需求。高校在提升服务水平，推行服务社会化的过程中，忽略了后勤人员自身素质的建设。服务人员在市场经济的影响下，以利益作为工作导向，片面注重物质供给，忽视了精神涵养。

笔者分析原因发现，在众多原因中奖惩机制不健全是很大的一个原因，导致他们创新动力不足。很多高校教师深陷教和考的小天地，无法准确把握思想政治理论课程的教学功能和育人价值，没能跳出教育看教育。这样只会离最初的立德树人使命、促进学生自由而全面发展的目标渐行渐远。

2. 教师不够重视

首先，高校思想政治理论课教师和专业课教师在教学和科研的双重压力下，任务繁重，只能以教学大纲、书本内容为依托，以传统考试为主要落脚点，以专业知识、技能教授为本位。对学生个体的需要认识、理解不到位，易导致其沦为没有思想、没有感情的教书机器，将"育人"这一过程异化为机械的传递、灌输的行为，不利于学生的全面发展。

高校思想政治理论课教师是思想政治教育队伍的主体，充分发挥其主观能动性，使其全身心投入队伍建设中，不仅对其自身的专业化成长极为有利，对推进高校思想政治课改革创新也有重要的作用。意识引导行动，高校思想政治理论课教师除了教授理论知识外，还肩负着立德树人的使命，承担着人生导师的角色。但目前存在部分高校教师发展动力不足的问题，表现为思想上不够重视，责任意识淡薄，工作标准不高，没能认清自身角色定位，对党中央和地方教育行政部门下发的，关于高校思想政治理论课教师队伍建设的政策文件和新课程标准没能真正领会其核心要义。

其次，很多时候，高校思想政治理论课教师都忽视了自身角色的政治属性。要让懂政治的人讲政治，让有信仰的人讲信仰。高校思想政治理论课是教育的重要组成部分，倘若高校思想政治理论课教师从内心深处并非真正认同、理解、把握所讲授的内容，自其身理想信念都不够坚定，无疑会减弱这一传导的力度，从而影响教育效果。高校思想政治理论课具有鲜明的意识形态教化功能，要求每一位高校教师都应该树立政治信仰，坚定政治信念，具备较高的政治素质，学懂弄通政治理论，将政治性放在首位。然而，当前很多高校教师忽视了思想政治理论课的政治属性，没能认识到思想政治理论课是对高校学生价值引领、人格塑造的关键方法。

笔者经过调查了解到，出现上述问题的原因之一在于高校思想政治理论课教师的工作任务繁重。经分析，很多高校的教师认为他们发展的主要瓶颈是大量的时间耗费在了应对学校检查上。这也是很多高校教师在教学工作中感到最苦恼的事情，他们觉得自己的自主时间较少，学习时间不够，学校琐事、工作太多，影响了教学工作。这说明当前高校思想政治理论课教师面临学校琐事繁杂的现状，没有充足的时间和精力投入到教学工作中去。

马克思在对精神生活的重要论述中就强调，只有精神生活的自由发展才是全面的发展，因此，高校思想政治理论课教师应不断丰富精神生活。此外，近年来，国家积极倡导为高校教师减负，大幅精简文件和会议，但落实成效欠佳，这都是高校思想政治理论课教师发展主动性不足的影响因素。

（三）高校自身方面存在的问题

1. 对思想政治教育的投入不到位

高校思政育人体系建设最终落足点还是在学校，要保证其科学有效地贯彻落实，就需要学校党委领导班子对高校思想政治教育高度重视。但当前社会及学校所提供给思想政治教育的重视与社会的期望不相适应。

首先，学校对于思想政治理论课教师的职业地位没有充分重视。高校教师职业地位的高低关乎高校教师队伍的搭建和运行成效。由于长期受应试教育的影响，高校中也普遍存在重视知识性教育轻视思想性教育的现象。高校思想政治课教师在教学中的育人作用在考核评价中常常被忽略，严重降低了高校思想政治课教师自身主动提升的积极性。此外，学校没能认识到高校思想政治理论课教师作为高校学生思想引路人的角色，没能意识到一支强劲有力的高校思想政治理论课教师队伍，对于落实立德树人根本任务的重要性。

其次，很多学校缺乏对高校思想政治理论课教师心理变化的及时关注。目前很多高校的青年思想政治理论课教师占比较高，而大多数青年高校教师思想活跃，渴望成才，需要合理引导。但很少有学校能认识到搭建一个施展才华的舞台，对于调动青年思想政治理论课教师工作积极性的重要现实意义。

此外，对高校思想政治理论课教师中刚入职的青年教师，和职业倦怠的中年教师都缺乏心理变化的及时关注。高校思想政治理论课教师的生活工作压力较大，文娱活动却很少，使得部分高校教师无法全身心投入队伍建设当中，人力资源的价值和作用没能充分发挥。

2. 学校的措施和制度保障不完备

高校思想政治教育是一项长期的系统工程，必须有一套科学、公正的制度保证才能取得实效。但目前存在机制不完善、缺乏针对性的体系建设，以及评价激励机制不健全等困境。

（1）相关机制不完善

高校作为思想政治教育的主战场，在对学生价值引领、把握政治立场、塑造健全人格方面发挥着重要作用。因此，加强高校各方面的机制建设，完善相关的机制，关系到高校思想政治理论课的育人方向和育人实效。就拿高校教师的发展机制来说，目前各个高校招聘高校思想政治理论课教师，均需要通过笔试、面试、体检等环节，以此来了解高校教师的专业知识、资格证书及身体状况，整个过程比较透明合理。但对于高校思想政治理论课教师的政治思想、师德师风等基本素养缺乏严格审查，多是入职工作后了解。对于不合格高校教师的判定、评定标准比较模糊。一些高校教师取得编制后就握稳了"铁饭碗"，表现出自我发展动力不足，

"做一天和尚撞一天钟"的状态,这对建设高质量专业化的高校教师队伍是极为不利的。所以由此可见,学校的相关机制和制度并不完善。

此外,评价激励机制也不健全。健全的评价激励机制能产生一定的内驱作用,促进高校思想政治教育不断向专业化的方向发展。但当前很多高校对于思政教育的评价体系较为单一,不能因地制宜结合当地的实际情况出台执行方案和学校绩效考核的专项管理办法,制订适合各高校教师和学生的评价维度方案。以往单一式通过量化绩点来评判的方式,没能从育人的维度去科学考量,没能突显评价主体地位和民主参与的过程,科学性不强。这种片面的评价机制,难以客观地测评出高校思想政治教育的现状,无疑是对思想政治教育的不公,使得思政教育中出现各种各样的问题。此外,部分学校对思想政治教育评价体系建设存在滞后现象,对其认识还停留在物质需求层面,没能认识到精神需求的紧迫性,使得评价效果欠佳。

(2)相关体系不健全

高校思想政治教育体系涉及的方面是非常多的,其不仅能够提升思想政治教育的实效,还对高校思想政治教育的发展起到助推作用。但事实上,当前学校对于相关体系缺乏制度的刚性约束,在思政教育建设的细则方面没有做出符合校情的详细安排,使得一些体系建设浮于表面或不切实际。一方面,体系建设缺乏针对性,不能以学生实际需要为依据制订科学的体系。比如体系中的内容缺乏针对性的学科核心素养内涵阐释、国家大政方针政策解读、教育教学专业素养技能提升等内容。另一方面,缺乏互动式交流和科学有效的管理机制,存在流于形式的现象。这样无疑让学校的思政教育效果大打折扣。

通过以上的论述可以看出,在学校方面影响思想政治教育的因素非常多。我们具体可以归纳为以下几点。

第一,顶层设计不完善。一些高校的工作规划相对简单、抽象,思想政治教育的中心主题不明确,缺乏育人相关的具体目标、任务和分工说明,导致机制形同虚设,难以有效汇集思想政治教育的力量。具体来说各部门、各机构受困于各自所处领域的既有制度、体系和语言习惯,教育惯性导致其难以突破,各育人资源配合度不高,缺乏信息沟通,育人功能出现重合,系统内部产生摩擦和内耗,子系统间不但没有组成互为补充、互为支撑的稳定结构,相反还消减了育人合力的生成。其次,过度依赖国家政策、文件的指导,教学决策和推广生硬,缺乏自主性,与当地地方特色、校园文化历史和生源质量水平结合不紧密,导致思想政治教育工作的适应性不足。此外,相应的监督、评估和激励保障机制不统一,思想政治教育工作的内生动力不够，难以实现真正意义上的合力育人。

第二，投入配比不协调。思想政治教育工作不管从其本质、特性和教育的内容方面来看，都属于软工程，但在教育过程中和方式的使用选择上需要依赖相应的硬性条件做基础。目前我国高校大多设有思想政治教育专项经费，但在经费的申报、审核、使用、监督程序中绩效导向微弱，经费的利用效益不高，专职思想政治理论课教师、辅导员等的待遇较专业课老师低，相关教育平台建设进度迟缓，与客观需求不符。另外，大多数高校在专职思想政治理论课教师、辅导员的人员配比中严重失衡。人的精力是有限的，在面对基数大、差异大的学生群体时，思想政治教育工作的针对性和有效性将会大打折扣，常常在问题出现时会有人员缺位的情况。这就使高校思想政治教育面临着极大的挑战，即如何以最好、最优的策略来增强各方面主体与客体对思政教育的持久性，进而促进学生在思想道德素养方面获得更好的发展。

3. 意识形态教育方面的问题

高校意识形态教育自身存在多方面的不足，这就导致思政教育会面临外部与内部的挑战。具体来说，高校意识形态教育的不足表现在以下方面。

（1）学生意识与教育目标间的冲突

学生对意识形态教育存在认知偏差及对意识形态教育重要性认识不足。同时，从长期的传统意识形态教育实践来看，由于传统意识形态教育所具有的某些弊端，比如教育过程的灌输化、刻板化、填鸭式，教育内容的高度理论化所导致的晦涩难懂等，使得学生对意识形态教育存在偏见，认为意识形态教育是在"说教"。认知上的偏见和不足，导致了其学习行为上的打折，进而直接影响教育效果。对教育模式、内容存在一定程度的偏见与抵触，已经让部分学生对意识形态教育关上了"门"，其效果显而易见。

（2）错误思想观念、价值观对学生的误导

当然，错误思想观念及价值观对于学生来说并非与生俱来，而是伴随着互联网的发展，以及自己切身的社会见闻得出的结果。其一，学生作为独立的社会化个体，在其接触的社会生活中，他们会通过直接的接触或者间接地了解对世界进行认识。在这一过程中，会目睹一些灰色的事情，或者从亲人、朋友口中听到"别人家的孩子……"。他们听到的更多的是某人学某个工科专业在哪里上班挣了多少钱，而不是吹捧某个人的文职工作做得有多好。长此以往，导致学生养成了学科偏见、实用主义、金钱至上、唯利是图的错误价值观，影响着学生健康成长。

其二，网络世界错误思潮对学生造成误导。网络的发展，无疑是最大限度地扩大了个体生命的厚度，通过网络，每个人都可以感悟不同的人生。纵向对比，当代人的生活比过去的人的生活更丰富，这是网络发展给人们生活带来的好处。当然，网络也携带着一些思想杂质进入了人们的世界，这些事件让高校学生对未来、对人生进行再思考，而高校意识形态教育无疑会遭受这些错误思想杂质的冲击，面对学生的质疑，无疑会让矛头直接指向思想政治理论课。从思想政治理论课中习得的智慧更多是指引性的，但面对实际性问题的解决时，思想政治理论课形塑的那些人生观、价值观显得有些力不从心，这种反差，又强化了错误思潮在部分学生认知中的地位，更相信金钱、权力、关系而不是依靠真才实学发挥不同学科专业的社会功用。

（3）意识形态教育主阵地作用逐渐弱化

如今互联网及其终端的不断发展及其在高校意识形态教育中的运用，正使其优势不断分流课堂的关注度和吸引力。可以这样肯定：课堂作为高校意识形态教育主阵地的作用不断弱化是事实，这种结果是互联网及其终端具有的对比优势及其对学生造成的"异化"作用共同决定的。实际上思政课堂是指传统的课堂教育，是高校教师依据教学计划、教学大纲，在规定的教学时间里进行的课堂教育教学活动，高校教师通过课堂给学生传授专业知识、技能技巧，而学生以接受知识为主。思政课堂是高校教育的主渠道、主阵地。

（4）"课程思政"建设中的同向同行问题

在教学目标设定上，培养全面发展的社会主义建设者和接班人是思想政治理论课程和其他专业课程的共同目标，但事实上，从实际的教学来看，多种因素致使思想政治理论课被人为"轻视"，没有得到与其他专业课程的同等对待。同时，随着高校开展"课程思政"建设，又引发了两种错误认知。一种是扩大思政课功能、窄化专业课功能的论调，认为思想政治理论课承担了立德树人根本任务，而专业课只是传递专业知识；一种是认为专业课可以发挥思想政治理论课的教育功能，进而认为可以取消思想政治理论课，用通识课进行隐性教育。两种论调都是错误的，前一种是对思想政治理论课功能的泛化和专业课功能的窄化，是把思想政治理论课与专业课相辅相成的关系看成对立的；后一种论调导致的结果是高校意识形态教育主阵地、主渠道的丢失。两种论调在思想政治理论课与专业课协同发挥育人功能这一认知的同向同行问题上产生了歧义，两种论调都设置了陷阱，无论单独选择哪一种，只有充分认识思想政治理论课与专业课协同育人的关系，才能更好地开展"课程思政"建设，充分发挥思想政治理论课与专业课全员、全过程协同育人作用。

4. 由网络化带来的异化现象

从思政课堂的定义及实践可见,思政课堂在实施上受到严格的时间、空间限制,它要在特定的场所(学校的教室而不可以是其他随意的地方,否则大概率会被视为"教学事故")、特定的时间进行(毕竟对于高校的学生群体要学习的是全方位的知识而非只有意识形态教育知识,需严格按照课程表进行),而通过互联网及其终端开展的教育,只要条件允许,是不受时间、空间限制的,可以随时观看、回放、提取,充分利用碎片化时间进行学习,达到同等时间对更多知识的涉猎及习得;从教学过程来看,思政课堂显得刻板、沉闷、单色调,加之内容严肃、晦涩,很难调动学生参与学习的积极性、主动性,相反,通过互联网及其终端开展的教育,通过动态的视频、图文并茂的课件及轻松化学习环境的营造,能够调动学生的学习兴趣,达到预期教育目标;从教学方法来看,思政课堂几乎采取按部就班的、"讲授式"的灌输教育,高校教师主导了整个教学过程,而学生在主体作用的发挥上还远远不够,无法发挥现代教育应有的"教学相长"效用,而通过互联网及其终端开展的教学,以丰富的形式一改课堂按部就班、"讲授式"的风格,解放了传统的、严格的师生定位,尊重了教与学主体的意愿,调动了教学双方的积极性;从教学结果来看,由于思政课堂对学生吸引力不够,使得思政课堂上出现"低头族""隐性逃课"(特指那些在课堂上人在曹营心在汉的学生)的现象,教学实效不理想,而互联网及其终端则能有限地调动学生的学习兴趣,在可控前提下发挥最好的教育效用,既吻合了学生对互联网及其终端使用的渴求,又达到了知识传授目标。可以说,在可控前提下,把互联网及其终端用于高校教育是一举多得的。

当然,我们也应该明确这样一个事实性问题:高校学生对互联网终端产品的过度使用已经造成了一定程度的"异化"现象,也消减着"第一课堂"在教学中的主阵地作用,这种消减是通过分流学生学习时间、精力,控制学生学习生活意向达成的。"异化"是马克思主义的一个概念,是人的物质生产与精神生产及其产品变成异己力量,反过来统治人的一种社会现象。随着我国经济社会的不断发展,科技水平、社会生产力不断提高,手机等移动设备由曾经的高档耐用品转变为人们的一般生活用品,尤其是作为高校的学生群体,具备使用移动设备的素养,所以手机成为其生活必需品。一个手机在手可以解决衣食住行诸方面问题,更能构成诱惑的是,手机上的各种 App 所提供的娱乐服务更是让部分学生达到"娱乐至死"的地步。高校不乏因为"玩手机"而出现"问题学生",这些学生与手机的关系定位已经达到了转换的严重地步,也就是"异化"的地步。这不仅严重剥夺了学生的学习时间和精力,更可怕、致命的是长时期处于网络世界养成的习惯,将造成严重的厌学情绪,甚至丧失应有的同龄群体所具有的认知水准,这也是互联网及其终端发展为教育发展带来新机遇的同时,带来的消极影响。

正是基于学生对手机的使用不当所导致的"异化"现象,使得课堂"低头族""隐性逃课"有增多的趋势。其中又分为乐此不疲的"游戏派",在王者荣耀、和平精英、NBA2K等游戏世界"畅游",寻求虚拟世界的存在感;也有"社交达人派",通过各种交友平台发展男女朋友关系等;或者是"吃货穿搭派",用与自己条件严重失衡的消费观念进行精致的消费,在"淘宝"的同时,也在为自己的未来"埋雷"或者"涉雷",由于过度消费引发的校园悲剧屡见不鲜,在荒废学业的同时,也预支、透支了自己的未来。

(四)资源的运用方面有所缺乏

高校思想政治教育工作,以思想政治理论课程"挑大梁唱独角戏"为主,往往局限在思想政治理论课堂之内,导致教学视角比较狭窄,对专业课、通识教育课程等的利用率不高,在教材内容、教学方法、组织结构上没有体现应有的育人价值。而长期处于从属地位的实践活动,缺乏专门的理论性材料作支撑,重形式轻内涵,学生的热情高但收获低,导致育人效果延续性不强。科学研究活动可以容纳的学生有限,多以业务工作为主,主体间紧密性不够,导师的科研目标站位较低,道德示范作用不明显,导致育人缺乏目的性、计划性。由于缺乏专业团队支撑,网络思想政治在执行层面存在运营难、内容空的现象,而其传播速度快、及时高效的特点得不到充分发挥。在心理育人层面,育人方式单调且缺乏系统性,相应的专门化的心理课程、活动和社团较少,高校学生能接触的心理教育频次低,严重制约着育人效果。在日常教学活动中,对隐性思想政治教育认识不够具体,浮于表面,在这点上不利于思想政治教育工作的全面渗透。高校的管理工作一般说来呈现自上而下的管束和控制,缺乏对学生、高校教师的人文伦理关怀,民主气氛得不到充分展现。后勤服务缺乏与学生的交流,食堂寝室等重硬件修缮,轻软件熏陶。学生资助工作仅仅停留在解决物质需求层面,在评估、审核过程中以学生的物质条件贫乏与否为主要切入点,忽视学生的人文精神缺失,供给方向单一,缺乏针对性。组织育人在从上级组织向下延伸传递时育人效果"层层递减",基层组织在地位上往往被"边缘化",整体性不明显。

比如,教材体系内容中的问题突出。思想政治理论课程内容设计在系统性、连续性上的不足,这种课程内容在不同层次教育中的"再现",以及在同层次教育中各课程中的交叉重复现象的存在,造成了学生学习压力不够或者对学科、课程的认知狭隘。学校思想政治理论课包括小学思想品德课、中学思想政治课、高校马克思主义理论课,这是中共中央于1985年印发的《关于改革学校思想品德和政治理论课程教学的通知》中对思想政治理论课有机构成的政策规定。从人的认知规律来看,教材内容安排应该是由低年级向高年级,由易到难,由浅入深的循序渐进安排。然而,从现行的三个层次教材的编写来看,仍然存在着一定的重复,这种重复,就是没有处理好教育内容在层次、深度上的安排,是内容在系统性、层次性上设置的不足之处,尤其是当学生到了高等教育阶段,发现思想政治理论课教育内容在低层级教育中已经出现过,无疑会在学生心中形成思想政治理论课简单的认知,同时造成学习压力不够,进而造成学习的动机危机。当然,同层级课程中内容的交叉重复现象,也对课程内容编写提出了挑战,从内容的内在逻辑性、完整性来看,有的内容重复是必需的,比如"毛泽东思想和中国特色社会主义理论体系概论"与"中国近现代史纲要"中关于新民主主义革命和社会主义革命的内容,二者具有内在逻辑连接性、承继性,如果为了规避课程间内容的重复而进行删减,那么内容的完整性、逻辑性将得不到保证,教学效果也难以达成。

此外,教育方式与学生发展需求的协同不够。当前的高校意识形态教育方式,是多媒体化与传统模式的结合,但究其本质来说,仍是传统意义上的。高校意识形态教育通过多媒体作为媒介,仍然局限于高校教师主导的课堂理论知识教学,是名副其实理论灌输教育方法。这种教育主要手段,一方面由于学生的认知偏见左右,使得其效果有限;另一方面,这一教育方式并未对学生真实的发展变化给予应有的尊重。新时代的高校学生具有较强的实践勇气和实践能力,敢于展现自我,而展现自我需要平台。但高校教师过度主导灌输的教育方法导致学生参与度不足,如此以往,很难提升学生对意识形态教育的认同度和实效性。除此之外,高校意识形态教育考核标准单一,主要是考核制,这种考核制的意义反馈价值相对有限,因为学生为了不挂科,可以利用几天时间去"主攻"这一学科,但是,考核过了之后这种教育的作用就会微乎其微。因此,探索新的、更全面的考核方法,也是增强意识形态教育效果的有效方法之一。

系统是马克思主义唯物辩证法中的重要范畴。系统之所以具备各子系统不具备的功能的原因,在于系统中内涵各子系统之间的相互联系、相互制约、相互影响的关系,而系统整体性功能的发挥也正依赖于各子系统之间的良性互动。但目前高校各育人资源之间缺乏联系,呈现各自为政的松散体态,导致体系的合力作用收效甚微。

（五）教学内容和目标脱离实际

高校思想政治教育大多拘泥于纯理论操作和空洞的说教，只是简单沿袭思想政治教育的教学传统，以培养纯粹理想化的德育模范为目标，教学中也只是片面地注重整体性，对学生的差异性和实际生活关心较少，造成教学与生活的脱离，难以引起学生的共鸣。况且培养完美的道德模范本来就不太现实。此外，教学手段相对单一，教学思想相对陈旧，教师自身在教学实践中也缺乏应有的激情，对新时代大学生对于思想政治教育的诉求关心和理解不够，不仅弱化了思想政治教育的功能，而且容易令高校学生对思想政治教育产生厌烦和抵触心理。在高校思想政治理论课程中，教师与学生的整体积极性不高，教学互动也非常少，多数大学生听课的主要动力仅仅是因为老师也许会随堂点名，导致逃课现象也比较严重。

随着改革开放以来，物质生活的丰富和在享乐主义、拜金主义等错误思潮的刺激下，整个社会的价值观呈现出一种功利主义倾向。首先表现在屈服于日后的就业压力，许多高校以学生高就业率为导向，仅仅重视专业知识和技术的教学，严重忽略了思想政治教育。其次，思想政治教育师资队伍仍然没有形成高水准专业化，受功利思想的影响，还有一部分教师存在专业能力较差、学术态度不严谨等现象，在教学中缺乏热情，有得过且过、敷衍了事的心态。一些教师把教育仅仅当成工作来对待，至于这份工作蕴含着的崇高意义和自己所担负的使命则被其丢之脑后。

不仅如此，中华传统文化的精髓在高校思想政治教育中长期缺失，是高校思想政治教育中最突出也是最根本的问题。中华文化注重美德，尤其是儒家思想，对于德育十分重视。孔夫子曾说过"志于道，据于德"，认为人们必须"践仁成人"，"仁"是统一了"立德"和"立功"两方面的最高的道德标准和价值标准。历代儒家思想家继承了重视德育的思想，有很多独到的教育思想和见解。这些内容丰富、思想深刻的理论即使放在瞬息万变的今天也并不显得过时，相反，对于高校思想政治教育进行创新和发展具有极高的参考和学习价值。

在高校思想政治理论课程中，马克思主义理论不仅是基础，也是教学的核心内容。道德教育的内涵包括马克思主义世界观、价值观教育，爱国主义教育，公民法律教育等内容，但这些仅仅是作为社会主义精神文明建设理论的某种补充。思想道德教育和儒家德育思想有着渊源关系，但高校思想道德教育长期处于"边缘"地位，导致以儒家思想为代表的传统文化关于道德教育的理论与成果极少在高校思想政治理论课堂出现，使得高校学生对于传统伦理道德思想长期漠视，忽略了其中的有益成分。在思想道德方面，儒家以"修身、齐家、治国、平天下"为价值取向，追求"天人合一"的理想人格，以"中庸"为至高的道德和评判标准，重伦理，重礼制，有刚健有为、自强不息、积极进取的"入世精神"和"重义轻利"的价值观；而道家崇尚"道法自然"，强调做事遵循自然规律，人与自然和谐相处……这些又恰恰都是高校思想政治教育中未能充分引入的。当前适逢"国学热"大浪的兴起和精神文明建设的大繁荣时期，为积极研究、认真审视传统文化的有益内核，促进高校思想政治教育工作不断前进提供了有利条件。

（六）思政教育面临外部挑战

某些实质性变化具有牵一发而动全身的功用，进而引发一系列新行为、新动向。高等学校思政教育作为高等教育的重要组成部分，以及国家安全工程的基础性实践，面临着一系列挑战。

1. 全球化、网络化的影响

毫无疑问，全球化、网络化成为推动人类社会整体进步的重要力量，但也必然带来一些负面问题。那么，应该如何看待全球化、网络化发展对我国高等学校意识形态教育的影响呢？对此，我们应该对这一问题保持两个认知，一是客观认识全球化、网络化发展是不可逆的历史进程；二是理性接受全球化、网络化发展对我国高等学校思政教育的冲击。

全球化、国际化为教育带来了有利条件，如域外的先进教育模式、教育方法，可作为对比的教育资源促进我国教育的发展等。但事实上，全球化、国际化意味着教育大门的开放，伴随着"胡萝卜"而来的，还有一些对高等学校思政教育具有严重消极影响的意识形态"大棒"。严谨地看，我国的发展选择打开了对外开放的大门，也决定了受到域外思潮的消极影响具有某种不可避免性，而全球化、国际化发展具有这种渠道功用。因此，我们必须用辩证唯物主义的精神清醒认识全球化、国际化对我国高等学校思政教育的作用。

全球化、网络化发展是客观历史进程。每一生产方式的革命及其成为社会决定性生产方式的出现，都决定着人类社会形态、性质的变迁。刀耕火种的生产方式是原始社会存在的基础，铁犁牛耕孕育封建社会的漫长历史，机器轰鸣的现代生产孕育了资本主义文明，以网络为载体的人类社会新发展，是社会发展客观规律向前演进的结果。

翻开历史，清朝后期，中国仍然是世界级大国，但由于政治僵化、经济自足、文化保守等的积弊发展，中国并没有以一个开放的态度融入世界潮流之中——工业化发展，而是以天朝上国之国态傲视环宇，这种故步自封的国风让中国逆世界潮流而行。而后的历史告诉我们，当积贫积弱的农业文明遭遇来自机器轰隆的工业文明的挑战时，农业文明随即败下阵来。伴随着我国全方位的和平崛起，我国在国际事务中扮演着越来越重要的角色，正日益走近世界舞台的中央，成为全球化的有力推动者和拥护者，是逆全球化、各种保护主义的重要反对力量，这些都是历史的智慧和经验在今天的实践中的再现，只不过这一次中国不是被迫加入，而是有力主导。基于此，全球化、国际化发展是我国力主的国际发展理念，更是趋历史之大潮的必然选择。

2. 各种不良思潮的影响

（1）"新自由主义"的曲解

"新自由主义"是一种以经济理论面貌出现的意识形态理论，是披着学术性外衣的意识形态理论，具有极大的隐蔽性、迷惑性，尤其是高等学校的青年学生往往容易受其蒙蔽而不自知，导致学生的世界观、价值观因受其影响而逐渐偏离了社会主义核心价值观。客观地讲，"新自由主义"思潮推崇的个人自由、自我实现等观点及对私有经济的重视等，对我们有着一定的积极意义。但我们，必须认识到，"新自由主义"在本质上是为资本主义服务的，它从根本上否定了社会主义，在世界观、价值观、人生观上诱导青年学生接受西方资产阶级的自由化思想，从而产生了很多负面影响。

（2）"历史虚无主义"的负面影响

"历史虚无主义"的负面影响表现为：去中国史、去中国魂（民族精神）、去强国本（马克思主义及其中国化理论指导）。其表现在高等学校便是对当代高校学生主流意识形态的冲击，这种冲击表现为：消解主流意识形态导致思想混乱；解构主流意识形态。

以上的这些问题与挑战都可能导致思政教育的教学过程的实效性不强。

二、育人体系整体构建不平衡

高校思政育人体系的整体构建中存在不平衡性，主要表现在体系内部发展不平衡、理论与实践不平衡和关注对象不平衡上。

（一）理论与实践脱节

之所以呼吁育人的全面构建工作，其实还是为了高校学生的成长和全面发展着想。思想政治教育是一个内化于心，外化于行的双向互动过程。它不仅仅停留在教育者对理论的阐释和灌输层面，而是要通过受教育者对所预示的目的性理论产生认同并付诸实践，才能真正起到作用并具有价值。为了构建立体育人机制，当前高校思想政治工作在实践投入方面卓有成效。以北京科技大学为例，北京科技大学召开了专题会议，印发了工作方案，将教育部提出的课程、科研、实践、文化、网络、心理、管理、服务、资助、组织等育人体系建设，细分为 25 项重点项目、100 项具体任务，明确提出打好四场攻坚战，力求清单化、系统化、持续化地推动"思政育人综合改革行稳致远"。与实践投入形成鲜明对比的是，高校在育人理论研究方面相对匮乏，未能及时将经验上升为指导理论。从各方面可查资料来看，关于育人体系整体构建的文章不多，大多从某一个育人角度出发来论述学校的育人工程，或是将育人体系的建构研究放在总体的思想政治工作中一笔带过。这就呈现出理论与实践脱节的场面。

（二）体系内容不平衡

早在 20 世纪 80 年代中后期，教育界就逐步形成了教书育人，管理育人，服务育人的共识。进入 21 世纪初，特别是《关于进一步加强和改进高校学生思想政治教育的意见》颁布后，学者以此文件为指导，除对教书育人管理育人与服务育人三个传统思想政治教育课题进行研究外，同时强调了高校实践育人和科研育人的重要性。此后，随着高校教育理念的革新、时代的发展以及高校学生自身实际情况的变化，学术界又提出"七育人"概念，增加了文化育人和组织育人。2017 底，教育部党组印发《高校思想政治工作质量提升工程实施纲要》则正确立了高校思想政治工作必须切实构建"十大"育人体系，将网络、心理、资助育人纳入其中。高校"十大"育人体系格局正是这样一步步发展起来。这样的发展过程也造成了"十大"育人体系内部呈现出发展不均的状况。最早提出的育人工作，如教书育人、管理育人和服务育人，高校对此有深厚的理论研究和实践经验。相较于此，近年来提出的网络、心理和资助育人方面的研究就稍逊一筹。当然，各高工作重心和能力的不同，也同样使得"十育人"的发展有强有弱。很多高校狠抓课程育人，在思想政治理论课教学上独树一帜，但其他育人工作却表现平平，成为其短板。

（三）关注对象不平衡

以往，高校思想政治工作的主要对象是高校学生，是为高校学生成长、成才服务的，从狭义上而言也并未有错。这种传统的思想也很明显的体现在高校思想政治育人体系的构建中。从广义而言，思想政治工作从根本上来说是做人的工作，高校思想政治工作对象中的"人"，既包括学生——专科生、本科生和研究生，也包括高校教师。然而，当前的高校"育人"工作在关注对象上明显存在差别对待现象。这体现在学生和高校教师之间的失衡，以及学生内部的失衡两个方面。一方面，在实际工作中，对高校教师思想政治工作的关注明显低于对学生思想政治工作的关注。其实，高校教师具有双属性，既是学生思想政治教育的开展者，又是高校思想政治工作的对象。我们不能忽视高校教师的后者属性，因为只有高校教师的育人能力提高才能更好地发挥育人作用。另一方面，对本科生的培育重视远高于研究生。这主要与学生规模大小和性质有关，毕竟本科生的人数大大多于研究生。此外，研究生群体相对而言来源多样、思想多元、管理相对松散，这也对高校研究生群体的育人工作提出了更高的要求和更严峻的挑战。

三、育人关系不够和谐

在育人体系的建构中，协同是思想政治工作的核心要义。而主体队伍表现出来的人员多而不齐、部门广而不协导致了整个育人体系的不融洽，育人目标无法协同一致。

从个体层次上看，思想政治工作队伍多而不齐。人员"多"，代指数量大。随着高校育人体系的拓展开来，思想政治工作的队伍逐渐壮大，人员从单一化转向多元化。一方面，思想政治工作专职队伍的育人力量扩大。除思想政治理论课教师外，高校思想政治工作队伍还将高校党政干部、共青团干部，从事哲学社会科学课的教师，以及班主任、辅导员和心理咨询教师等人员纳入其中。另一方面，思想政治工作兼职队伍的育人作用凸显。就育人主体而言，高校力求打造全员育人格局，广大教职工甚至于后勤人员都要有育人意识，承担育人责任，发挥育人功能。思想政治工作队伍的扩大，的确有利于高校思想政治工作的开展，但也使其内部呈现出复杂性状态。这就存在"多"与"齐"的关系问题，也就是质量的增长未能赶上数量的增长。"齐"，齐整、齐心协力、见贤思齐，要求思想政治工作队伍的每位成员不仅人到，还要心到，不仅心到，还要力到。但就目前高校的实际状况而言，并不是每个人对思想政治育人体系的构建工作都很重视，存在"冷热"现象：有的学校层面"热"，院系"冷"；领导"热"，工作人员"冷"；通识课高校教师"热"，专业课高校教师"冷"；等等。并且育人体系中每个育人小系统存在着工作交叉的问题。这就导致很多高校呈现出一种工作人人有责，但实际配合起来往往呈现出事不关己高高挂起的现象,思想政治工作存在平均摊责、重复低效和工作盲区问题,实效性不足。

从单位层次上看,思想政治工作部门广而不协。"广",范围宽阔之义。思政育人体系的构建需要高校每个相关部门的密切配合,涉及的部门从"点上维度"到达"面上广度"。"协",共同合作、协调的一种理想样态,暗喻思政育人体系的建构部门从"面上广度"回归到"点上深度",即每个工作部门都要"守好一段渠",打好配合战。但在目前的实际操作中,高校各职能部门呈现出两种不良的状态。一是小部分高校固守着传统的理念,认为高校学生思想政治工作是两个部门的事情——学工部门和思想政治教育类课程,这就使这两个部门的作用被放大化和过高估计。的确,我们将思想政治理论课称为高校思想政治工作的主渠道,而学工部门是高校思想政治工作的第一战线。但显然,高校思政育人体系的整体建构仅仅依靠他们来实现是天方夜谭。例如,课程育人要求思想政治教育课程类和专业课都具有育人功能,专业课程都是由各院系高校教师自行开展的,思想政治教育课程替代不了专业的作用。资助育人、组织育人、管理育人、服务育人涉及学校的资助中心、党团部门、管理部门和后勤部门等,学工部门只能算作"十育人"工作的某一个工作部门。二是大部分高校已经认识到各个部门的责任,也对每个部门的育人工作进行了详细的规划和安排,但没能将部门统一起来。每个部门的工作内容往往局限于上级部门的要求,缺乏自觉能动性,依据实际的个性化教育功能便处于丧失状态。思想政治工作部门和其他部门之间缺乏明显交流,单兵作战,导致实效最大值没有得到充分发挥。

四、资源的利用不够充分

资源的开发是思想政治工作中的重要活动,也是思想政治工作得以正常运行的重要前提。从某种角度上说,思想政治工作就是一定社会或阶级进行的各种思想政治教育资源的开发和利用,以最大限度发挥其功能,实现思想政治教育目的的实践活动。现实生活中,高校思政育人体系在供给资源的开发和载体资源的运用上还存在不充分问题。

在供给资源上,从微观层面看,高校思政育人体系内部资源配置失序。主要表现在高校思想政治工作队伍内部,以及非思想政治教育工作者之间的资源配置不合理。很多高校往往注重专业队伍的培养,忽视了兼职队伍的培育,导致教育重叠与断层严重,浪费了大量人力、物力与财力资源。此外,从宏观层面层面上看，高校思政育人体系教育资源的开发滞后于高校育人工作的发展。当前，思想政治教育资源所供给的一些理论和具有教育意义的信息呈现出落后和老化的现象，无法满足学生信息多样化的需求。例如，课程育人要求专业课也具有育人功能，但在专业教材的开发上却没有及时跟进，只单纯依靠专业高校教师的力量来挖掘教材中的育人亮点。又如，文化育人要挖掘革命文化的育人内涵，处于革命老区的高校立足于红色革命基地开展工作，远离红色革命老区的高校却未能很好地利用当地的有效资源。

在载体资源运用上，高校思想政治工作队伍存在很大不足。简言之，思想政治工作的过程类似于信息的输出和反馈，缺乏相应的载体，这一过程就无法顺利完成。既然载体作为思想政治工作的承载、工具、保障，那么就务必综合运用多样化的载体。诚然，高校思想政治育人体系要想建设好，也需要以一定的载体作为中介。在实际操作中，以管理育人为例，思想政治工作内容还没有渗透到大学日常管理活动和思想政治工作队伍的工作之中，导致部分管理岗位和服务岗位的育人功能没有体现出来。而各种拉横幅式的宣传致使育人工作流于表面，未能深入人心。在文化育人上，往往还是以寓教于乐的方式，将思想政治教育潜隐在丰富的校园文化活动中。但不少校园活动重形式、轻内涵，这其实对育人工作的承载性并不强。在资助育人中，育人还是以奖助学金、勤工俭学岗位等形式体现出来，"扶贫"和"扶志"未能完满结合。另外，科技迅猛发展为思想政治工作提供了科技保障和物质基础，同时也要求高校思想政治育人体系的建构工作必须以大众传媒为重要载体，对人民群众进行最新的理论宣传教育。但很多学校的大众传媒载体的建设却没有跟进，人员没有配备齐全。

五、机制或制度保障不足

育人机制不科学主要表现在两大方面：一是评价机制，二是宣传机制。高校思政育人体系的构建工作纷繁复杂，涉及人员部门众多，因而要明确任务、目标，严格考核责任。但在高校的实际操作中，关于人员部门的考核情况还存在"软指标"现象，注重任务的分配，却忽视了对思想政治工作的考核评价。这就体现在思想政治工作队伍的考核不够规范及过程考核不够全面上。长期以来，思想政治工作主体队伍作为高校学生思想政治教育的主要管理者和实施者，自身承担了太多的任务和责任。可是对他们的考核评价却不够规范，有的高校只注重量化指标，以业绩论成绩。有的高校则过多地参考学生的评价，而学生接触较多的是辅导员和班主任，对其他岗位的思想政治工作者尤其是领导干部无法做出科学的评价。考核的不规范自然影响了奖励的结果，如此管理、考核、奖励的脱节，挫伤了很多人的积极性。高校对于思想政治工作兼职队伍，如后勤部门的育人考核更是存在大片空白，往往以开展活动的多少作为评价的指标。除此之外，在过程考核中，很多高校主要是抓住期末或是年末来进行，而思想政治工作是一个贯串全时段的任务，这就导致很多人员或是部门出现中途懒散，末期赶工的不良局面。

此外，高校思政育人体系的构建工作要置于社会大环境中去探索思考，以环境的相安、和谐来推动育人工程的发展。虽然在教育部的大力倡导之下，各高校"育人"工作已如火如荼地开展起来，但宣传范围局限于校园内部之中，真正"育人"的大氛围还未营造起来。就目前而言，思政育人体系在社会中的宣传还不够深入，普通大众对"育人"理念的内涵知之甚少，又何谈共同育人。由于宣传机制覆盖不够全面，致使社会环境未能对高校思政育人体系的建构产生助力，家庭教育未能与学校教育进行良好的对接。并且每个高校自身情况不一样，育人体系建构的进度也不一样。有的高校"育人"工作已经成为本地区的模范先锋，而有的高校在育人工作中还存在各种漏洞。高校与高校之间似乎都习惯于闭门造车，而将自身经验分享出去的宣传工作还不到位。

第三节　高校思政育人体系面临困境的原因

一、高校工作人员的思想政治素质不够高

虽然说，高校的思想政治教育主体是思政教师和辅导员老师，但"大思政"育人体系要求全社会、全学校形成全员育人的氛围，只要是学校内的工作人员，上到校长，下到保洁、保安人员，每个工作人员的一言一行对大学生都或多或少产生着潜移默化的作用。思想政治教育不仅是一门学习学科，它更是一种具有很强的实践性和应用性的活动。由于高校思想政治教育的主要对象是大学生，因此提高高校所有工作人员的思想政治素质相当重要。所有人都应对自己的职业保持热情，热衷于自己的岗位，时刻保持精神抖擞的状态和积极的思想态度。蔡元培先生在就职北京大学的演说中说过："大学者，研究高深学问者也。"[①] 这句话的意思就是说大学学校是进行专业性和素质很高的人才培养的地方，高校教育者本

---

① 引自1917年1月4日蔡元培就职北京大学时的演说.

身的知识素养和专业能力决定着是否能够使学生信服、是否能够教育出对社会有用的人才。新时代思政育人体系要求高校工作者特别注意职业性、专业性的思想政治素养培养。

二、对以学生为主体缺乏认知

心理学家认为，"情感是人的需要能否得到满足所引起的一种内心体验"。回顾过去，我们不难发现，高校思想政治教育一直都采用着灌输式、说教式，以及应试答题的方式进行着。思想政治教育的主要内容和需要传递的精神本身就有难以理解且理论化的特点，按照以往陈旧的方式继续进行高校思想政治教育俨然已经不符合新时代大学生教育的教育理念和要求。如何做到高效地对大学生进行思想政治教育，核心在于要以学生本身为出发点，考虑学生的心理健康，从学生的喜好及生活习惯出发，转变教育教学模式，创造更多、更新颖的教育途径，从而激发大学生的学习兴趣。大学生本身并不抵触思想政治教育，但是教育途径尤为重要的，他们需要在这一教育过程中获得一定的情感体验，要能产生思想产生共鸣，将内心的信念和品质转化为实效的言语和行动。

三、互联网融入高校思政教学较为缓慢

互联网作为20世纪最伟大的发明之一，是一把真正的双刃剑。一方面可以造福人类、给人们带来了便利；但另一方面，也正因为网络的无界限、无距离，使得很多人不懂分辨、不懂求同存异，容易沉溺于网络，脱离现实。因此高校如何充分利用网络、积极建设学校网络体系并加强管理就很重要了。据了解，目前大学生在课余的日常生活中，大部分时间都是沉浸在网络的世界里，而高校思政教育者还不能以活泼、轻松的方式利用网络建立思政主题的网络教育。目前大多数思政教育者和辅导员老师仍以强制的方式要求学生完成思政教育的任务，这样反而容易使学生产生消极情绪。互联网其实可以扩大思想政治教育的空间、打破教学的时间，不再受课堂地域及授课时间的限制，将二者恰当的融合能够有效地推进高校思想政治教育的现代化发展。

第四章 新时代高校思政育人体系构建

本章主要内容为新时代高校思政育人体系构建,主要介绍了高校思政教育体系建设的原则与内容;从"加强高校与辅导员的协同合作""加强高校思政教师队伍建设""构建家庭、社会、学校联动育人体系"等几个方面详细论述了高校思政育人体系构建的策略。

第一节 高校思政教育体系建设的原则与内容

思想政治教育原则是教育者消解思想教育过程中的矛盾、提高教育水平、提升教育效果的基本准则。将焦点解决取向的尊重、正向、改变、行动原则运用于思想政治教育,可以很好地把握教育者与受教育者的心理特点与发展需求,可以很好地提高思想政治工作的育人水平。

一、建设原则

(一)"以尊重作为前提"原则

思想政治教育根本上就是做人的工作,情感又是人思想行为活动的重要基础元素,所以从这样的视角观察思想政治教育工作中的现象,恰当合理地运用一定的相关知识技术解决思想政治教育工作中存在的问题,是推动思想政治教育创新发展的重要视角和抓手。一定的相关知识技术是指沟通的方式、渠道,收集学生主体的问题的方式等。"以尊重作为前提"这一原则的核心思想之一就是以学生为中心,为学生者赋能,充分激发学生这一参与主体的潜能与动力,以期发展出一种发展型引导教育。在思想政治教育工作中,"以尊重作为前提"这一思路同样适合思想政治教育的实践,特别是在学生的自主性、能动性不断提高的情况下,采用赋能和引导等方法可以更好地激发学生的自主能动性，构建双向互动、和谐共生的思想政治教育新格局，进而提升学生的幸福感、获得感，提升思想政治教育的实效性。

尊重每位学生的独特性与差异性是"以尊重作为前提"的基本精神，也是思政教育过程中的晤谈首则。"每个人都希望被尊重，也愿意尊重别人"。"以尊重作为前提"原则注重教育者对受教育者表现出的发自内心的尊重、倾听与理解，受教育者的情绪情感都会被接纳，同时教育者不会对受教育者任意评价。当受教育者感受到自己受到尊重时，他们会提升自我尊严感与个人价值感。

传统的思想政治教育实践活动是教育者对受教育者的单向灌输，受教育者被视为教育的客体和被改造的对象，因而教育者缺乏对受教育者作为个体的尊重，对受教育者的需求和心理活动关注较少。而研究受教育者的需要和特点，实质上是把握受教育者的思想发展情况，运用焦点的尊重理念，倾听受教育者内心的真实想法，从而据此制订切实可行的教育目标，选择贴近学生、贴近生活、贴近实际的教育内容和灵活、丰富的教育方式。

（二）"采取积极正向的态度"原则

"采取积极正向的态度"是高校思想政治教育体系建设的一条重要原则。其是指聚焦于正向的、积极的方面，强调探索过去正向、积极的经验，挖掘各方面内蕴的优势力量，并以此与高校思想政治教育体系相连接，令高校思想政治教育体系的内在资源得到充分利用。有学者指出，与其耗时费力、徒劳无功地寻找问题成因，不如直接聚焦目标，挖掘可以利用的、内在的资源和潜力，探寻正向的、朝向未来的目标解决的积极观点。

思想政治教育也会运用一定的物质手段和精神手段，并通过激励的方式激发受教育者的思想动机，调动受教育者的内在积极性，自觉将组织目标内化为个人目标并为之奋斗。很多时候，教育实施者往往会使用赞美、鼓舞等技术增强学生的信心与动力。这也属于"采取积极正向的态度"这一原则的运用。这样以积极的教育方式对待受教育者，从而激发受教育者的内在潜能，也是建设体系中所不可忽视的方面。

（三）"循序渐进的调整"原则

思想政治教育也强调遵循人的思想"综合影响"形成和"渐次发展"规律，融入各种教育因素及方式中，以循序渐进的状态进行。"循序渐进的调整"，易于促使体系的改变为受教育者所接纳与理解，帮助教育者调整切实可行的教育目标，遵循教育规律、思想政治工作规律、学生成长规律，从而减少思想政治教育实践活动中的阻力，形成教育合力，实现思想政治教育过程的良性循环。

不能忽视一小步改变也是一个重要理念。在一般的思政体系建设中，很多人往往期待在短时间内获得巨大成效或者是跨越性进步。事实上，成功的背后都是由许许多多"一小步"的步骤所构成的。同样的，思政体系建设也涉及多个方面，并非立刻就能跟上改变的步伐。当设定的改进目标过高、过难，有可能会导致体系建设的不切实际。相反，当循序渐进地进行调整时，就会像滚雪球一般带动更多的改变。

（四）"结合自身实际采取行动"原则

对于思想政治教育而言，行动原则要求思想政治教育要始终坚持理论联系实际，一切从实际出发，实事求是。实事求是是思想政治教育工作的科学思想方法和工作方法。要求讲实话、鼓实劲、办实事、求实效。而焦点主张实施操作性的行动能更好地为受教育者所接受。教育者要努力让思想政治教育活动在实事求是的基础上，是受教育者可行动且能落地执行的，做到解决思想问题与解决行动问题的统一。

明确采取合乎自身实际情况的行动是各高校建设思政育人体系的主要任务。高校要协助各方将小目标的行动抽象化且动态视觉具体化，使一些体系建设任务和目标容易在真实情境中落实执行，也更容易在事后进行跟进。这样在解决或者预防问题的轨道上，可以增加执行的内在动机与成功率，更能接纳与面对现在的问题，增添合理的掌控感。

二、建设内容

（一）理想信念教育

改革开放彰显了理想信念教育的理论底蕴。1978年开始的改革开放是马克思主义中国化的生动实践，令马克思主义中国化的进程进入了新的阶段，彰显了马克思主义理论生命的长青。中国共产党人的理想信念是由马克思主义的根本宗旨决定的，那就是为绝大多数人谋利益。正如习近平总书记在纪念改革开放四十周年大会上所讲的那样："党提出的改革开放政策，建立在对国家命运深刻认知和把握基础上做出的英明抉择，是在命运攸关的关头把中国引入正确发展道路的重大决策，同时也是建立在深刻了解社会主义制度，对革命经验和实践工作进行系统性总结基础上提出的伟大决策，这是党在深刻认知社会现实发展问题后，以维护人民根本利益为目标而做出的决策。""改革开放属于党在政策方针上一次重大调整，这一方向的调整使得党实现了从理论到实践的伟大转变。"马克思主义是我们理想信念的理论基础，在其指导下，我国改革开放取得了伟大的成就，同时为我国的发展和社会建设树立了理论自信。

1. 筑牢理想信念教育的实践基础

习近平总书在党的十七大上记指出："改革开放是决定当代中国命运的关键抉择，是发展中国特色社会主义，实现中华名族伟大复兴的必由之路。"[①] 改革开放令中国走出了自己的社会主义现代化建设之路，形成了一套行之有效的制度。我们的理想信念不是建立在抽象的概念之上的，而是凝结于现实的实践之中。改革开放以来，中国在经济、政治、社会、文化、国际关系等方面的快速发展，就是我们理想信念教育的实践基础。中国特色社会主义抓住我国在社会主义初级阶段生产力比较落后的主要矛盾，以经济建设为中心，把发展作为第一要务，在40多年的时间里全面推进了国家的发展，改善了人民的生活，提升了我国的国际地位。今天，中国特色社会主义进入新时代，我们要继续坚持不断深化改革、不断扩大开放、不断推进创新，更加自信、坚定地向着"两个一百年"的目标而奋进。伟大的成就来源于伟大的实践，这表明中国特色社会主义制度切合中国国情，能够解决中国问题、创造中国奇迹、决定中国命运。我们的理想信念教育，就是要以我们的制度及其实践所产生的伟大成就作为现实的载体，彰显中国特色社会主义制度的显著优势，树立我们建设中国特色社会主义的制度自信。

2. 指明理想信念教育正确道路

中国共产党是一个用马克思主义武装的政党，团结带领中国人民完成民族独立和人民解放、实现国家富强和人民共同富裕是它的两大历史任务。自成立之日起，党就团结和带领人民为完成这两大使命而奋斗。改革开放以来，党在不同时期针对国情民意，做出了一系列重要决策，一步步将中国特色社会主义现代化建设推向前进。中国共产党人解放思想、实事求是，从做出改革开放的历史性决策，到建设完成我国的工业化基础，构建成熟的市场经济发展体制，再到坚持以人为本、推进全面协调可持续发展，几十年间，中国特色社会主义建设在实践中不断前进、不断完善。马克思主义中国化进程在改革开放中不断扩展、不断深化。从步入21世纪开始，世界形势发生了深刻变化，我国的现代化建设取得了历史性成就，党

---

① 引自2007年10月15日，中国共产党第十七次全国代表大会报告．

和国家审时度势、总结经验、放眼未来,全面深化改革开放,在经济建设与社会发展、政治外交上都取得了令人瞩目的成就。习近平总书记在总结改革开放四十年经验的讲话中提出:"通过观察改革开放以来我国在经济发展和社会建设上一路走来的历程就可以发现,改革开放是党和国家的英明抉择,其在危机之际拯救了国家,拯救了社会,同时把我国带入到正常的发展轨道,实践证明,这一英明决策无论在路线、方略还是在方向上都是完全正确的。其是党在探索建设具有中国特色社会主义的伟大实践中做出的英明决断,我国的社会主义现代化建设工作之所以能够取得如此辉煌的成就,归根到底在于中国共产党的正确领导与正确决策,在于中国共产党以马克思主义理论为指导、秉持全心全意为人民服务的宗旨,在理论和实践的结合中开创了中国革命、建设、改革之路。坚定理想信念,必须忠诚跟党走;开展理想信念教育,需要明确中国共产党在领导人民取得伟大成就之中所起到的引领作用。"[1]

(二)理性爱国主义教育

1. 正确又全面地了解国家

要在高校学生当中弘扬爱国主义精神,首先要让高校学生了解国家,正确认知我国的国情,这是培养青年形成爱国主义思想要做到的基础性工作。国情教育主要针对我国的社会制度、经济、社会文化、科技、军事、国家发展状况等各个方面的知识,对学生进行我国基本国情的普及教育工作。通过开展国情教育,能够让高校学生更好地认知、了解我国当前的真实发展情况,以客观理性的认识来看待国家的发展,正确进行国家性质和政治体制、社会文化的认知与判断。在当前的国际形势下,社会领域消费文化盛行,各类思潮借助消费领域多角度对青年一代造成影响。很多高校学生尚处在价值观跟思想认知能力、判断力尚未完全定型的阶段,因而很容易受到不良文化的影响,遭受一些负面消极价值观念的冲击,而盲目跟随西方社会推崇的功利主义思想、无政府思想、极端自由主义思想,以及反社会、个人主义思想等不良的思想观念,这对青年的健康发展和正确价值观的建立是十分有害的。所以,要通过加强国情教育,让高校学生正确认知我国的真实发展状况,从政治制度、国家体制、社会文化、经济、科技、军事等各个角度全面了解中国,正确认知我国跟世界上其他国家之间的关系,可以为高校学生树立理性思考,正确判断社会政治问题的能力,提升其价值判断力水平,并为高校学生爱国主义思想的培养形成奠定良好的基础。

---

[1] 引自2018年12月18日,习近平在庆祝改革开放40周年大会上的讲话.

2. 掌握西方意识形态渗透特点

首先，西方意识形态渗透的内容相对隐蔽。在经济全球化发展的今天，各国的交流和合作日益频繁，思想的碰撞和交流也更为密切，但一些国家有意识地将一些所谓积极的"意识形态"进行包装和处理，通过文化交流、文化输出的方式潜移默化地影响我国高校学生的世界观和价值观。随着从西方国家引进的影视和图书数量越来越多，虽然从表面上来看这只是一些文艺作品，但通过一定角度的解读、观赏会发现其中渗透着深刻的西方资产阶级思想、观念和价值取向。当代高校学生处在世界观、人生观成型的关键时期，他们的思维通常十分活跃，对世界的判断能力较差，这种隐藏在文艺作品、文化作品背后的、隐蔽的西方意识形态，将会潜移默化地影响到他们的思想。

其次，西方意识形态渗透的形式具有隐蔽性。全球经济一体化发展，国与国之间、民族与民族之间在政治、经济、社会、文化等方面的交流和融合让整个世界变得欣欣向荣，但其中也潜藏着西方意识形态的渗透。西方一些国家为了达到意识形态渗透的目的，通过文化交流、学术交流、国际会议、学术讲座、大众文化等方式，将西方意识形态隐蔽地融入其中，对高校师生产生难以察觉的影响。尤其明显的是在高校学生在接触"大众文化"的过程中，通过看、听、说等方式改变他们的审美观念，这种隐蔽性的传播形式降低了高校学生的防备心理，让他们在毫无准备的情况下受到西方意识形态的渗透，从心灵上潜移默化地接受西方资本主义思想和价值观，甚至成为他们这一意识形态的传播者。

西方意识形态通过多种隐蔽传播形式的渗透影响着大学生。高校是引领学生形成积极意识形态的重要基地，在文化强调兼容并蓄的今天，要及时将危险的错误思潮进行纠正。在高等教育国际化程度不断加深的进程中，高校教师与学生海外交流和学习变得更加频繁和主动，一些别有用心的人打着学术研究和交流的名义，将西方意识形态融入学术交流的范畴内。在没有防备的情况下，西方意识形态就作为高等教育国际化发展的附属品渗透到高校中，影响着高校学生的身心健康和安全。

高校学生的意识形态是我国社会意识形态的直接反映，也是时代发展的风向标，高校学生是否形成了积极、健康的意识形态将直接影响到整个社会的健康发展。如果对西方意识形态不加以防范，渗透到高校学生的主流意识中，不但会直接影响学生的身心健康，也会对我国社会的健康发展造成不良影响，甚至影响社会的长治久安。

所以，高校要积极引导学生树立正确"三观"。"三观"指的是人生观、价值观和世界观，这是人们对人生目的、意义和价值问题的根本看法。学生在学习过程中，处于"三观"形成的关键时期，是否能够树立起正确的"三观"，对高校学生未来发展有着至关重要的影响。"三观"是属于意识形态的范畴，会随着社会经济的发展而不断发展。进入21世纪，经济全球化发展使得各国思想文化大交流，高校的思想政治教育遭受前所未有的冲击和影响。长期以来，传统的教育方式和教学内容相对落后。在这种情况下，高校思想政治教育必须紧跟时代步伐进行适当的改革和发展，教育内容、教育方法和教育形式都要进行创新，并结合中国特色社会主义社会发展的实际，在马克思主义的指引下，用社会主义核心价值体系来武装高校学生的思想，让他们免受西方意识形态的渗透影响，引导高校学生形成正确的"三观"。

因此，要加强社会主义核心价值观的引导和教育，做好社会领域主流意识形态的正确引导，在社会公众中传播正能量的思想，宣扬社会主义核心价值观，以德育教育、爱国主义教育、普法教育，提升高等专业人才对国家和社会主义的自信心和自豪感。要面向高校学生，做好党的思想、政策、方针的宣传教育工作，让新一代青年树立起坚定的政治立场。马克思主义意识形态的核心内容就是社会主义核心价值观，这也是中国特色社会主义现代化建设的精神动力之一，是实现社会主义发展战略的重要思想保证。高校必须坚定地将社会主义核心价值观作为基础，在进行思想政治课程教学过程中不断创新教材内容，创新课堂教学方式，增加实习实践环节；同时，通过日常学生的辅导和教育管理等方式，创新和发展思想政治教育的新尝试和新方法，加强社会主义核心价值观的引导和教育。在每一个教学环节中将我国的民族精神、时代精神和社会主义核心价值观融入其中，构建高校思想政治教育阵线，加强高校学生抵制西方意识形态渗透的能力。

第二节 新时代高校思政育人体系构建策略

一、加强与高校辅导员的协同合作

（一）高校辅导员的角色定位

1. 思想政治教育的引导者

高校辅导员是开展大学生思想政治教育的重要力量，承担大量第一线的思想政治工作，是其核心职能的履行，是这个角色自诞生起就肩负的使命。目前，我国高等教育大众化趋势正稳步前进，在校大学生的数量逐年增加。大学生是非常宝贵的人才资源，他们的思想道德、科学文化素质与我国现代化的建设和发展息息相关。所以，在对高校思想政治教育的指引上，辅导员肩负着重要的职责和使命。

2. 身心健康发展的疏导者

大学生涯是学生社会化的重要阶段，而辅导员又是经常与学生接触的老师，对学生的成长有着潜移默化的影响。因此，对学生身心健康的疏导是辅导员角色扮演的客观要求。在大学阶段，学生心理和生理发展正走向成熟，在这一时期他们开始从心理上摆脱对家长的过多依赖，自主意识逐渐增强，心理变化比较激烈，情绪容易不稳定。随着社会生活节奏加快、讲求效率，生存发展空间竞争激烈，致使部分大学生在社会认知、生活、学习、人际交往及就业方面存在不同程度的心理压力，严重者会导致心理疾病，对自身和社会造成许多不良后果。尤其是作为新生力量的"90后""00后"，大多为独生子女，受家庭环境的影响，他们个性张扬，善于表现自我，但独立生活能力相对较弱、自我意识明显，抗压抗挫折能力不足，看事容易片面和极端，容易产生心理问题。加上市场经济的刺激，强化了大学生的自主观念和竞争观念，使其个体意识增长，而缺乏团队意识和集体主义观念。

另外，社会在一定时期贫富差距的拉大，导致学生家庭贫富程度不同。一部分学生容易养成铺张浪费、骄奢的生活态度，而有些学生容易产生自卑、内向和孤僻心理，这些心理异常都不利于学生的健康成长。应对这些问题，辅导员要担当好心理辅导者的角色，要及时了解社会发展的需要，了解学生的情绪状况和心理走向，掌握和运用心理学的方法，多对学生进行沟通疏导，结合学生身心健康发展，开展合适的心理健康活动。而对个别问题又要有针对性的疏导，努力使学生养成积极、向上的生活态度。在实践中认识社会，培养面对挫折的心理承受能力和抗压力。

3. 校园和谐建设的助推者

校园和谐涉及多方面因素，例如人际关系的协调、校园环境的优化、校园文化的建设和校园危机的处理等问题。构建和谐校园是构建和谐社会题中应有之义，是彰显以人为本的教育理念，培养高素质人才的迫切需要。

高校辅导员可以通过对学生日常生活的服务和管理，引导学生参加各类社团和社会实践，组织学生开展寝室文化活动，既丰富了学生业余文化生活，使他们调整了知识结构，又陶冶了学生的道德情操，提高了学生的思想水平，密切了学生的人际关系，这些活动也极大地促进了校园文化建设。在开展日常安全教育，增强学生的危机意识和政治敏锐性，预防和处理校园突发事件等方面，辅导员也是责任重大的。学生在校一旦发生问题，首先想到的就是向与学生日常生活紧密联系的辅导员寻求帮助。面对突发情况，辅导员往往第一时间了解信息，此时，辅导员对事件的最初反应、把握和初期的处理手段可以说将直接影响到事件最终能否圆满解决。校园突发事件的善后心理干预工作也很重要，在重大事件中，一个人的不幸身亡或伤害会给周围百人以上带来情绪波动和氛围低落等现象。辅导员应该及时开展系统的疏导性工作，帮助学生稳定情绪、平衡心理状态来面对已经发生的现实。

4. 学习和生活的管理者与服务者

是指辅导员在学生日常生活、学习等方面应负有的职责，比如在具体课程和学习方法的选择、日常生活的安排，以及考勤、评优、学籍户口管理、请假等方面的服务和管理，目的在于方便学生的学习和生活。

现今大学生绝大多数都是独生子女，但不论生活在城市还是农村，都曾长时间生活在学校和家长的呵护下，比较缺乏自治能力，独立性不强，因此需要在生活和学习上给予其更多地帮助和关心。大学学习以自主学习为主，良好的学习态度和学习方法对于大学生的成才至关重要。在大学里要学习的课程有很多，包括专业课程、选修课程和公共课程，还有各式各样的社团和职业能力培训组织，学生可选择性很广，不容易取舍。大学的生活环境比较宽松和自由，很多学生的自控能力不强，容易产生诸如网瘾大、旷课、熬夜等现象，对学生的身心健康造成损害。所以，辅导员在学习和生活上要对学生进行适当的管理和服务。

（二）高校辅导员的威信及影响力

1. 高校辅导员的威信构成及其作用

威信即威望与信誉。对高校辅导员而言，它通常表现为学生对其的尊敬、信赖与服从，它是思想政治工作的前提，同时也是最好的切入点，表现出一种巨大的精神感召力。对于思想活跃、思维独立性较强、知识面较宽的当代大学生而言，教育者有无较高的威信，成为其教育被接受与否的关键。高校辅导员威信的构成通常包括三类：一是专业性因素，它包括学术能力与水平、知识积淀程度、生活经验及理论素养；二是可信性因素，它包括人格、个性、人品、友爱程度及公正之心；三是智能因素，它包括决策、判断、组织协调与管理能力，以及果敢、坚定、敏捷等意志品质。三者相互支撑、相互影响，形成统一的整体，其中，前二者更为重要。

高校辅导员的威信的作用在于：其一，它直接制约着思想政治工作的效果，高校思想政治工作的效果很大程度上取决于教育者的威信，作为思想政治工作的一线组织者和实施者，辅导员威信高，思想政治工作的效果必然好，反之，效果就差；其二，它能促使学生将教师的教育要求内化为自身的需要，高威信者的所言、所行往往能取得学生的信任与效仿，他对学生的批评易引发学生内在的心理与思想的冲突，促进其向积极方面转化，威信低者，其所言、所行易引起学生的怀疑、反感抵触甚至对抗，使思想政治工作从一开始就难以触动学生，更谈不上效果如何。总之，高威信者能有效地发挥暗示与示范作用，激起学生的模仿与内化，激发学生接受教育的动性，使思想政治工作真正入脑、入心、见效，从而实现预期的教育目标。

2. 影响辅导员威信形成的因素

崇高的威信是取得教育成功的重要因素，然而，威信的形成却非一朝一夕，一时一事就能达到的，它的形成有个过程并受制于多种因素。

就客观因素而言，首先是社会的宏观氛围与整体评价。我们党一贯十分重视思想政治工作，特别是十一届三中全会以来，面对新形势，我们党和国家采取了一系列措施，不断强化思想政治工作。在高教系统表现为：开设思想品质课；开办思想政治教育专业；将思政教育者队伍当作教师队伍的一部分加强建设；构建全员思想政治教育模式；建设思想政治教育新体制；等等。这都有助于思想政治工作者地位的提高和威信的形成。改革开放40多年来的实践证明，任何时候都不可放松思想政治工作。高校辅导员威信的高低与社会的宏观氛围及重视程度密不可分。其次是高校校园的微观氛围与评价。事实证明，一个领导重视、管理体制健全、措施得力、思想政治教育氛围浓郁的高校，其辅导员的责任感与进取精神就强，威信也高；反之，威信就很低。特别是市场经济条件下的思想政治工作氛围，唯有领导重视、全员参与、上下齐动，方能构筑一道足以抵挡功利主义与短视行为负面影响的、视思想政治工作为育人之首的亮丽风景。唯有如此，辅导员的威信才有产生与发展的基础。最后是大学生的期望值。对于处于半成熟向成熟过渡阶段的大学生而言，由于大学特殊的教育教学方式，其接触最多、交流最多的教育者就是辅导员，他们对辅导员所抱期望值较高，期望在辅导员的关爱、指导、帮助下不断成长。他们对辅导员的信任与服从也多源于这种期待，由此便成为影响辅导员威信形成的重要因素。

就主观因素而言，辅导员的个人素质是其威信形成的决定性因素。首先是品德因素。品德因素包括政治信仰、道德品质、心理品质及工作作风。坚定正确的政治信仰、崇高的道德品质是威信形成的根本因素，品德越高，威信越高；反之，一个品德不高的人，不管其能力多强、本事多大，都不可能赢得学生的尊重。有无健康、优良的心理品质，也直接制约着辅导员威信的高低。一个意志坚强、情感积极、理想远大、行动自觉的辅导员，必然会对大学生的成长产生很大的影响。辅导员扎实的工作作风、实事求是的工作态度，以及严于律己、言而有信的品行，则更有助于威信的形成与确立。其次是个人智能水平。它包括知识结构、生活经验、专业水准与综合能力。一个知识渊博、既通本行又熟悉相近专业的老师，在学生心目中的形象必然会高大无比。一个有着丰富的生活阅历与经验的人，其本身对同学就有着极大的吸引力，他对人生的总结与升华也必然会对学生产生一定的指导和帮助。一个才华出众，个人专业水准已达专家水平或已在某一方面做出杰出贡献的人，其言行会直接、间接地影响学生。一个综合素质较高、组织协调及管理能力较强的人，同样会赢得同学的尊重、信任与拥戴。可见，个人智能水平对威信的形成、巩固与发展起着十分重要的作用。最后是政治辅导员个人的仪表与形象。一个人威信的形成从一开始就受个人仪表与形象的影响。因为辅导员在与大学生互动的过程中，最先展现出来的就是个人仪表与形象，个人的品德与水平是随交往的加深而逐渐展现的。一个举止文雅得体、仪表端庄大方、热情诚实、富有朝气的辅导员，总会在大学生心目中留下深刻的第一印象，并产生晕轮效应，学生会因良好的第一印象而对辅导员产生敬仰之情，并产生信赖感，"安其学而亲其师，乐其友而信其道"的效果也必然会产生，威信的形成也就有了良好的开端。

（三）高校思政与辅导员协同育人的策略

1. 加强辅导员队伍思想政治培训建设

高校辅导员集教育引导、管理分配、服务学生等多元化职责于一身。随着教育事业的不断发展，新时期新形势对辅导员队伍的培训建设有了升级化的高标准、严要求。

（1）确立人才本位的培训理念

自古以来，人才资源一直是各个行业争抢博弈的主要资源之一，确立人才本位的培训理念是确保工作行业发展的第一要义。重视人才资源、加强人才的内生（内部培训）与外引（扩大招聘）是市场竞争的迫切要求。人才本位的培训理念，不是简单的基础知识的填鸭式灌输、短期单一技能的文本培训，而是要求辅导员培训组织构建一个长期的、有效的、有体系的培训信仰。

（2）建立双向统筹的培训机制

培训部门要充分履行辅导员系统培训的牵头抓总的职能，践行集体调训与个体培训的双向统筹培训规划。一方面，要充分做好基层参加培训的辅导员的信息征集工作，做出有预见性的培训指导思路，在培训周期、培训班次、培训内容和人员集中选择上做好妥善的统筹分配工作，强化宏观管理，规范双向统筹标准，严格执行计划；另一方面，要允许学院及辅导员本人以正当理由选择适合的参训班次、时间、形式等，让被培训部门及个人有一定的自主空间。实行辅导员个体自我需求与社会集体发展、工作实际需要相结合的培训机制。

（3）更新现代科技的培训方法

引入现代科技手段，不仅包含设备层面的更新换代，主要涵盖培训时间、培训空间、培训形式等多层次的培训方式的更新。一方面，充分发挥新时代科学文明与通用技术的功效，结合网络传输、多媒体设备、远程监控、电化教学等通用的新方式方法，最大限度地突破时间、空间对于辅导员培训教育带来的局限，解决在职辅导员工作与求学心理的冲突矛盾；另一方面，在现有的专题讲座、名师演讲等教学模式的基础上，更新培训方式，引入个案分析、场景模拟、小组讨论等新颖途径，丰富授课形式，着重结合辅导员工作生活中的实际情况，进行有针对性的分析与研讨，把传教解惑、自思自省、互动互助等行为引入课堂，充分提升辅导员老师的积极参与度与灵活创造力，达到更切实的学有所成，为学生服务的效果。

（4）丰富细致全面的培训内容

目前，高校在培训授课方面普遍存在内容覆盖面相对小、涵盖知识相对少、涉猎广度相对窄等问题。因此，丰富辅导员队伍培训课程的内容，将培训内容细致化、层次化、具体化是一项亟待解决的问题。可以采取如下有针对性的具体措施。

一是对缺少基层工作经验的新辅导员，采取"老带新"模式，增加实践教学内容，遇到突发事件和多发事件，要求老辅导员必须"一带一"现场指导，帮助新辅导员尽快进入工作状态，了解学生工作实际；二是对有一定发展潜力、近期可提拔的老辅导员老师，要注重提升他们的政治修养与文化素质，可以构建能力提升培训模块，如决策力（decision power）模块、领导力（guide power）模块、影响力（influence power）模块、创新力（innovation power）模块等内容，进行综合性的全方位的领导能力提升，有针对性地进行培训，建立全新的辅导员领导干部能力培训课程体系。

2. 强化辅导员骨干作用

在大学生思想政治教育中，辅导员是高校学生工作的重要力量。中共中央、国务院在《关于进一步加强和改进大学生思想政治教育的意见》[①]中对辅导员的工作范围进行了明确规定，辅导员要按照党委的部署有针对性地开展思想政治教育，在学生的思想、学习、生活等方面进行指导。可见，辅导员是高校德育的骨干力量，思想政治教育是辅导员的核心任务。因此，辅导员必须抓好自己的中心任务，促进大学生思想政治教育的发展。教育者必须先接受自我教育。作为教育工作者，辅导员应该实现通过科学的方法促进学生成长，不仅要规范学生的行为，还要使他们的情感受到熏陶，不断提高道德水准，使他们成为优秀学生。辅导员一是要通过引导使学生的理想信念更加坚定，能深刻认识到共产主义思想的重要性，向着学校预期的方向发展。二是要深入学习专业知识，精通专业技能，增加自己的厚度，这就需要用科学合理的方法对学生进行引导。

3. 构建思政教师与辅导员联合育人的机制

（1）组织教育机构的科学联动

高校并没有思政专业，所以在高校中，思政老师都不会固定地划入某个专业或者院系的管辖中。不过随着高校管理体制的改革和细分，很多高校最终确定了思政理论老师归属于教学管理系统，不与辅导员同部门管理，这样简单粗暴地将二者分离开对于思想政治教育的发展没有益处，反而分离了明明可以互相联系的

---

① 引自2004年10月14日电 中共中央、国务院最近发出《关于进一步加强和改进大学生思想政治教育的意见》。

两个主体。想要思政教育得到飞跃发展,构建联合育人机制是当务之急,必须将思政教师和辅导员联系到一起,将二者归结为一个系统当中,方便他们开展更多思政实践活动,互相沟通学生思想。要想将高校思政课老师和辅导员归结为一个系统管理,就必须要让学校的管理层意识到这一点。由高校的党委宣传部等主动进行协调部署,让辅导员归属的学生工作部门与思政理论课归属的教学部门能够联系起来,并且团结一切可以团结的机构,例如团委、就业指导中心等诸多组织,相互配合,既充分调动了学生的积极性,也充分调动了教师的积极性,共同组成一个可以互动配合的团结组织,为思政教育的发展提供了良好的氛围。在这样的组织当中,始要终坚持科学的管理方法和管理机制。有条件的高校可以多多开展一些实践活动,加强大学生和高校教师之间的互动交流。在管理当中,要明确分工,落实好工作人员的职责,严格管理。但是也要注意,既然形成了一个团体,思政教师和辅导员之间的工作关系就不能完全分裂开来,必须要注意相互之间的配合和工作效率的提高。

(2)队伍建设的联动

队伍建设的联动需要每个成员共同的努力。要想改变过去封闭式的各自为政的局面,就要努力将二者之间的交集扩大。具体来说,需要做出三个改变。

第一,高校的辅导员选拔要更加严格。不能再像以往一样门槛过低,导致辅导员的水平不足而影响思政教育的效果,也没办法完成教育目标。在选拔中,必须要将辅导员的思想政治理论素养作为首要考核点,不具备这样的素养的应聘人员直接不予通过。辅导员的学历条件要满足硕士以上,最好可以在具备思政理论的基础上对心理学和法学有所了解。这些条件都需要高校的领导和人事部等一一进行严格筛查。这样既能确保辅导员的基本素质,也能够保证至少在理论层面上,辅导员可以独当一面。在一些不具备和思政教师联动的条件的学校中,也能够帮助学生更好地养成正确的政治素养。

第二,尽量促进思政理论课老师和辅导员二者之间的工作交流。进行工作交叉,可以在思政教师的带动下提高辅导员的思想素质。一方面可以不用必须强调将思政教师与辅导员划为同一部门,另一方面也解决了当今思想政治教育发展的困境。在这样开放式的沟通和合作当中,思想政治老师和辅导员二者之间角色可以互相转换。辅导员可以通过思政教师的帮助,更好地管理学生;而思政教师通过辅导员的帮助,可以更好地改进教学方式和探索教学模式,从而提升思政教学质量。

第三是要构建团队,在思政老师和辅导员的不断交流中构建出一个梯队。团队当中要有中青年老师为团队的延续做保障,既保证团队的活力性,也保证团队的理论和经验厚度。

4. 强化意识、完善素质，充分发挥威信的作用

高校招生制度及教学改革的不断深化，交费上学与学分制的自主选课等，均扩大了大学生的主体选择性，传统的"管、灌、劝"的思想政治教育模式已不适合，而新型的"示范、引导、释疑"的教育模式成为必然选择。要在新形势下保证思想政治工作的有效性，要求高校辅导员必须充分重视塑造自己在大学生心目中的威信，并切实发挥好威信在对大学生开展思想政治工作中的作用。

首先，要不断强化威信意识。每个政治辅导员都应充分认识到威信的作用及其持久的影响力，充分认识到当前教育改革的形势及新时期大学生心理发展的特点，充分认识到新时期思想政工作的难点，不断强化威信意识、不断突出威信在思想政治工作中的地位，把威信的塑造与提高作为改进思想政治工作、提高思想政治工作效果的突破口和首要环节来抓，用威信为思想政治工作铺路，以威信来加强思想政治工作的效果，不断增强当代大学生的教育选择性与接受性，提高威信的影响力及渗透力。

其次，要提升素质，提高威信。如前所述，威信的形成、巩固与发展均受制于一系列因素。对辅导员来说，外在的客观因素无法左右，但内在的主观因素则在其控制范围内，只要主观上不断努力，想方设法提高品德修养、锻炼综合能力、磨炼坚定意志、培养积极情感、塑造优良心理品质、养成良好工作作风，加之以高度负责的政治责任感与使命感对待学生、对待工作，崇高的威信必然会形成，辅导员必会受到大学生的真诚拥戴。

最后，要讲究技巧，有效发挥威信的作用。威信形成之后，能否有效发挥作用是关键，这不仅会制约已有威信的巩固与发展，更会直接影响教育的效果。为此，必须讲究艺术，做到"八要"：一是要平等待人，以诚相见；二是要讲求奉献，追求卓越；三是要民主管理，正确用权；四是要言行一致，取信于生；五是要抑扬有度，爱及全体；六是要了解学生，善于调解；七是要坚持原则，主持公道；八是要自我解剖，严于律己。总之，只要辅导员能够用的科学的方法指导自己的工作与实践，找准定位，不断强化素质，就必能在新形势下更有效地发挥出辅导员威信的作用，从而全面提高思想政治工作的水平与实效。

二、加强高校思政教师队伍建设

高校的思想政治教育教师首先自己必须是一位学者。教师不仅要有专业素养，还要有广泛的历史、经济、军事等方面的相关知识，这就需要教师要认真学习教材，仔细研究教材并处理好教材，与此同时，还要不断地更新自己的知识，吸收并了解一些与教材相关的知识。另外，教师也要不停地学习，深造自己，充实自己，从而不断提高自身的教育水平。

现在的社会是一个多元化的社会，人们的价值取向也逐渐变得复杂多样。思想政治文化相互交织碰撞，直接影响到大学生的价值观、人生观和世界观。部分学生在不同程度上出现了价值观偏移，极度缺乏社会责任感和团结意识等问题。此时，思想政治教育教师应该及时给予学生以正确的指导。另外，一些学生对未来感到迷茫，对自己的专业不够了解，这就需要教师不仅要重视思想政治教育，还要了解学生的专业设置及发展前景等其他与学生相关的知识。

对于教师来说，育人不仅是重要的职责，而且还是历史赋予其的使命。教师是教学的主体，但从学生学习的角度上看教师处于客体的位置。如果想要学生从内心接受教师传授的道德规范，这就需要教师以自己的行为做出榜样，树立典范。在进行教学的时候，假如教师对学生认真负责，工作严谨仔细，在处理事情的时候能够做到公平公正，在生活上，自觉遵守社会公德，拥有良好的道德品格，那么对学生的影响便是正向的，反之，则其影响便大打折扣。所以教师在生活与教学中，一定要做到言语与行为的统一，树立良好的自身形象，成为能够让大学生学习的道德典范。

虽然大多数的大学生已经成年了，但是其心理状态依旧不是十分稳定，很可能会出现心理问题。现在的大学生正处于生理成熟期和心理发育的过渡阶段，在心理上往往出现很多过渡状态的矛盾性，诸如情感丰富但是波动较大，自我意识不成熟，独立及封闭性、依赖性、拜金主义、享乐主义及极端个人主义等问题。另外，学习负担和就业压力等因素也会造成学生心理不健康。这时，就需要思想政治教育教师对学生的心理问题进行疏导并帮助其解决，扮演学生健康、美好心灵的培育者，加以正确引导，全面提高学生的综合素质，培养其自身处理问题的能力，从而使学生适应社会的发展和要求。

加强思政教师队伍建设策略有以下几个方面。

（一）提升教师政治水平和理论素养

要用中国化的马克思主义理论来指导整个"课程思政"教学过程，从而实现有效灌输。在准备进行有效灌输马克思主义理论之前，高校教师最重要的就是要有政治敏锐性，要把握思政教学过程中所灌输的理论的正确性、准确性和方向性。在这一点上，必须讲基本的政治规矩，这就需要教师具备政治智慧。一方面可以通过开展系统培训的方式，根据不同学科、不同专业的教师，开展不同学习程度、不同要求的培训，以便教师能更快地提高自身的政治水平，将所教授学科的课程内容结合思政元素，在教学过程中自觉融入马克思主义理论和中国特色社会主义思想。另一方面通过专题讲座的方式，讲解和学习党的最新理论成果，加强教师队伍的理论素养，寻求学科知识和"课程思政"的切入点，能够"润物细无声"地引导学生树立正确的政治站位，明辨是非，成为传播知识与传播思想文化相结合的真正的教师。校党支部定期开展主题会议、民主生活评议等活动，帮助广大党员教师学习党的最新理论成果，营造良好的政治环境和工作氛围，使各教师的政治信仰更加坚定，政治能力进一步得到提高。在"课程思政"教学中，会涉及一些基本理论的讲解，而这些理论往往是专业课程涉及的重要或基本的思想政治教育问题，学生应掌握其知识并能结合专业课程进行理解和运用。教师要积极谋求以学理性分析帮助学生明晰思想政治教育知识的内涵，同时以科学理论的强大魅力指引学生。

教育者必须先接受自我教育。作为教育工作者，辅导员应该实现通过科学的方法促进学生成长，不仅要规范学生的行为，还要使他们的情感受到熏陶，不断提高道德水准，使他们成为优秀学生。辅导员一是要通过引导使学生的理想信念更加坚定，能深刻认识到共产主义思想的重要性，向着学校预期的方向发展；二是要深入学习专业知识、精通专业技能、增加自己的厚度，这就需要用科学合理的方法对学生进行引导。

很多大学生不自觉地把专业课教师当作自己努力的方向和最想成为的人，专业教师的身体力行时时刻刻影响着学生，"课程思政"教学成效依赖教师积极营造的富有感染力的课堂气氛，教师自身高尚的师德师风、独特的人格魅力及起表率作用的言行举止。学生在日常与教师的交流中，不自觉地就会想要遵照在教师身上发现的良好的道德品质，而这种意识一旦经过长时间的发展，就会形成习惯，将会在今后的做人做事上产生十分重大的影响，使学生在之后的时光里能够保持好自身的道德认知，在自我成长的同时肩负起社会进步的职责。具有优秀道德品质和行为示范作用的教师，要不断学习以提高充实自己，并不断钻研如何能够更好地推进"课程思政"的教学，明白自己的劣势和不足，从而积极主动地学习好的、新的知识，督促自己与时俱进，不忘自己之前想要作为一名优秀教育工作者的初心，在教育中提升个人价值。

（二）提高教师"课程思政"教学能力，创新教学方法

课程思政的建设，主要以课堂教学为依托，这就要求教师要提高创新教学方法的能力，针对不同内容、不同问题采用不同形式的教学方法，积极创新满足学生需求、找准"课程思政"切入点，增强"课程思政"教学效果。此外，应顺应时代发展创新教学方法，教师要不断学习和运用信息化和现代教育技术进行教学，整合教育资源、编排教学内容、借用新技术激发学生学习兴趣。

思政课教学方式的革新是关键。思政课应当改变以往理论灌输的教学方式，思政课教师不能简单地将理论的知识讲解给学生，而是需要重视对学生政治能力和正确价值观的培养，变学生被动的学习理论知识为主动学习。思政课教师可以将时政事件引入课堂让学生进行讨论，以点带面引出课程内容，让学生自觉树立社会主义核心价值观，促进教师和学生之间的互动性，提升学生的学习兴趣。习近平总书记讲到"重视思政课的实践性，把思政小课堂同社会大课堂结合起来"。对于思政课课堂形式的改革方面，思政课的课堂不仅局限于室内，社会实践、室外教学也是适用的。将课堂学习发展到社会实践，对学生视野的开拓、社会的认知，以及学生价值观的树立都有一定的促进作用。河北科技大学的思政课社会实践方式值得推广，该校带领本科学生到西柏坡对学生进行思想政治教育，将思政课堂扩展到红色基地的实践学习中。通过这一形式，学生对红色文化的理解更加深入了，同时对于西柏坡精神有了更加直观的了解，对学生向革命先辈学习，以及提升自身的道德修养发挥了重要作用。

（三）加强教师思政培训

高校各级党委要加强对学科任课教师的理论培训，发挥先锋模范党员教师的带头作用，把中国共产党的先锋队性质、全心全意为人民服务的宗旨、执政理念、先进性、纯洁性等优良理论教授给教师，提高他们爱党、爱国的政治觉悟。高校可以安排思政专业有名的专家、教授给学科任课教师开展马克思主义基本理论知识的学术讲座、研修培训活动，让学科任课教师学会用唯物主义历史观、唯物辩

证法的观点、立场、方法来正确地观察、分析看待生活中的问题；让学科任课教师坚持马克思主义意识形态的正确领导地位，并认识到马克思主义的指导作用；让学科任课教师知道什么是真正的马克思主义，怎样正确对待马克思主义知识；等等。同时，还要加强高校学科任课教师对马克思主义中国化理论的学习，增强他们的理论自信、道路自信、制度自信和文化自信。高校学科任课教师只有把相关的理论知识学真、学透、学懂，才不会认为思政教育是纸上谈兵的套话和空话。各高校还应组织各学科任课教师参加有关"课程思政"建设的学习培训和研修活动，第一时间把握国家、社会的热点、关注点，思考与教学内容的结合，增强自身的观察力，提高自身的思想政治素质，进一步巩固科学的世界观和人生观；使科研能力得到提升，在集体备课过程中的发言更积极主动，内容更有创新性，教研更有积极性，教学能力增强，为学院的思政教育培养一支有创造力的高素质教师队伍。通过对教师的思政培训，来提高他们的政治素养、教学水平和科研能力，确保高校"课程思政"方案的有效实施，从而增强思政教育的效果。

以"课程思政"建设为主线，在参加理论学习之后，积极组织受训教师通过实地调研、现场考察、案例分析，来提升受训教师的教育教学能力，对理论学习和实践考察均合格的教师发放结业证书。之后，针对各教师建立培训档案，设定马克思主义学院思政专业教师为联络人，针对之后"课程思政"建设中有关课程内容的疑问，负责解答和提供咨询。

学校应引导和加强对广大专业课教师关于社会主义高校办学方向、高等教育的目标是培养社会主义接班人等方面的认知，从而注重知识传授和知识运用方向上的统一。多数高校教师具有国家事业单位编制和干部身份，但既然承担教学任务，那相应的教育职责也应充分担当起来，政治立场也应坚定。同样，高校要注意工作环境对教师群体观念的现实影响，既要贯彻落实"课程思政"教学改革，又要适当地给教师群体繁重的教学科研任务"松绑"，做到"有所为有所不为"，给足教师群体对教书育人的自主思考、自主探索、形成认知的时间和空间。

目前国内各高校对于教师晋升高级职称，一般原则上都要求"连续 6 个月及以上的国外大学学习、研修经历"。参照这一条，学校应当规定教师晋升高级职称，党员教师须有至少连续一周时间的本校或省级党校、干部学院的学习培训经历；非党员教师须有至少连续一周时间的本校或省级社会主义学院、干部学院的学习培训经历。只有学校及上级官方机构设立的政治学习培训单位，才是系统化提升政治素养的供给方，具有政治理论解释的科学性、权威性和学习结论认定的官方性、严肃性。统一培训并不是要放弃日常的教学工作，因为培训的时间仅一周左右，而且是分批次学习所以对高校日常教学影响不大。

对各类任课教师开展"课程思政"培训，将"课程思政"纳入教师长期职业发展培训的过程中，不断加强各教师的道德情操，引导教师在备课上用心、课堂中用力、传授知识时用情。为了增强教师"课程思政"的培训成果，提高教师参与培训的积极性，高校可采取精神或物质奖励的办法激发教师参与培训热情。同时，对培训成果进行抽查和考核，并纳入各学科教师的考核和职称评定中，以便在很大程度上保证德育意识的培训效果。

教师在落实"课程思政"这一教育方式时，除了加强自身的立德树人意识教育之外，还需对"课程思政"的内容进行掌握，即明确"课程思政"的定位。韩宪洲讲到，对于教师来讲，尤其是专业课教师，"课程思政"的讲解内容就是三个方面，即习近平总书记在全国教育大会上提到的做人做事的基本道理，社会主义核心价值观的要求，实现民族复兴的理想和责任。[①]因此，教师在明确"课程思政"内容的基础上，需要进行内容的融入，即将"课程思政"所要求的内容通过有效的方式融入课堂，让学生能够同时进行专业知识学习与正确价值观的引导。只有将这些方面的知识融入课堂的教学过程中，才能将"课程思政"教育理念进行落实。

（四）发挥思想政治理论课教师引领作用

教师要想育人、育才，前提是自己就要有丰厚的理论知识，才能融会贯通地向学生传达正确的价值观，承担起学生健康成长的引路人。作为有较高党性修养和理论深度的思想政治理论课教师，发挥引领作用，增强其他课程教师对思想政治的政治认同和情感认同，成为"课程思政"教师队伍建设的应然性。各学院党委要带领各教师学习党的最新思想和理论知识，通过座谈会、研讨会的方式提高教师的理论素养，强化理想信念；另外，思想政治理论课老师应协助广大教师挖掘"课程思政"元素。不同学科具有不同的特点和内容，其授课对象也存在一定的区别。怎样准确地把握各学科中的资源，"润物细无声"地将育人、育才相结合，需要思政课教师的协助。针对教师所教内容、观点及授课方式进行探讨，在教学过程中渗透思政元素，也有助于思政课教师学习各专业课知识，丰富课程内容的深度，实现协同教学。

中央高度重视思政课师资队伍建设，在 2005 年的《〈中共中央宣传部 教育部关于进一步加强和改进高等学校思想政治理论课的意见〉实施方案》中强调，"各高校党委要切实负起政治责任，把稳定教师队伍，提高教师素质作为当前加

---

① 引自 2018 年 9 月 10 日，习近平在全国教育大会上的讲话

强和改进思政课的一项基础性工作来抓"。① 根据文件精神，高校党委书记是思政课建设的第一责任人。落实领导责任是提升思政课师资队伍整体素质的关键。责任落实需要监督，上级部门要加大对各高校执行思政课教师队伍建设的相关政策的检查督导力度，解决师资队伍建设的困境。要重点督查思政课教师待遇不落实、专项经费被挪用和思政课师生比不达标的问题。这些问题的解决，既能保障思政课教师参加社会实践和学术会议的经费，又能保证教师有充足的时间用于教学和科研研究。

（五）鼓励专兼职队伍结合

这里的专兼职结合平台，主要是指两支队伍和人员之间的交叉任职，用兼职力量补充专职队伍，加强各方的合作交流，使队伍结构更加完善，人员素质得到多重提升。

一是辅导员承担部分思政课教学任务。鼓励和选拔一线优秀的辅导员，特别是教学能力优秀并且具有思政专业背景的辅导员来承担一定的思政课教学工作。这样既可以跟学生在理论上有面对面交流的机会，让勤奋学习成为青春飞扬的动力，让增长本领成为青春搏击的能量，提高日常活动的针对性，增强思政课的时效性，也有助于辅导员自身的学习和能力的提高，收到"1＋1＞2"的现实效果，使辅导员作为思想政治教育者在"实然角色"和"应然角色"上真正达到"重叠共识"，这也是辅导员角色定位的实质性内核。与此同时，为避免"谁都可以上，谁都可以教"的尴尬局面，也要明确辅导员兼任思政理论课教师的任职标准，实行思政理论课教师准入制度，保证思政队伍的纯洁性。

二是思政课教师兼任日常思想教育工作。鼓励具备条件的思政理论课教师双向兼岗。一则，日常思政教育形式的多样性需要理论支撑，避免强调娱乐性而易忽视其思想性和教育性。二则，思政课教学要避免理论化倾向，需适当采用学生乐于接受的方式，提升思政理论教育的吸引力和感染力。三则，思政课教师可以获得与大学生进一步交流的机会，来获得心理上的自豪感和价值认同感，珍惜韶华、脚踏实地，把远大抱负落实到实际行动中。因此应提倡思政课教师在完成思政课教学的基础上担任班主任、学生导师或兼职辅导员工作，充分发挥其理论优势，增强日常思政教育内容的思想性与教育性。

提高教师队伍的使命感和阵地意识，确保传道者自身明道和信道，自觉担负起学生健康成长的引路人，以德立身、以德施教。同时，将专业教师参与"课程思政"

---

① 引自2005年中共中央宣传部、教育部关于印发《〈中共中央宣传部 教育部关于进一步加强和改进高等学校思想政治理论课的意见〉实施方案》的通知．

教学纳入辅导员工作,包括兼职辅导员。规范辅导员队伍管理,加强辅导员培训力度,完善辅导员考核制度,从而充分发挥辅导员的积极作用,并严格执行三个必须,即:教师专业技术职务晋升必须有辅导员或兼职辅导员经历,党政干部提拔必须有辅导员或兼职辅导员经历,学校选留机关行政管理人员必须有辅导员或兼职辅导员经历。

(六)强化教师协同育人的理念

教师是课堂教学的主要从事者,"课程思政"实际的运作效果是否显著,与所有课程教师对于"课程思政"的理解紧密相关。因此,"课程思政"建设必须首先解决认识上的问题。各类课程教师都必须深刻认识到,立德树人是所有课程都要承担的共同任务,每个人都承担着育人责任。要进一步强化协同育人的教学理念,不断加强教师协同育人的理念,提高其参与"课程思政"建设的热情,并将这一认识的转变具体表现在教学实践中,在教学活动中将这一认识不断深化。专业教师树立科学的教育理念对课堂教学具有重要的引导作用。要提升教师的育人责任感,强化教师协同育人的理念,可以通过将育人的具体要求深入贯彻到课堂教学,制订具体的措施,进一步加强对大学生的价值观引导,促进全体教师同向同行,形成育人合力。教师应将德育作为首要的、基本的教学工作,并积极将这一理念牢记于心,提高育人意识,及时掌握学生的思想动态和精神需求,实现对学生整体素质的塑造和提升。

1. 完善专业协同育人生态系统

打造各专业"课程思政"协同育人生态系统的核心在于顶层设计,关键在于组织架构,重点在于全面细致。第一,从顶层设计来看,高校"课程思政"建设领导小组应该针对专业协同育人方面成立专门办公室,主要是制订针对协同育人在育人模式、组织架构、奖惩措施、沟通协调等方面的具体方案。诸如,育人模式上考虑课堂教学与实践的结合,包括论坛、研讨会、辩论赛、社区实践、工厂实习等;再如组织架构上,尝试设立分片模式,针对不同专业设定统筹联络人。第二,从组织架构来看,要明确"课程思政"建设成立的组织架构应具备何种职能性质,要明晰其边界条件,避免交叉管理和重复工作。第三,从全面细致来看,对于"课程思政"建设主体而言,协同育人生态系统应该覆盖到高校党委、团委、学院领导、学院思政工作者、学生干部、宿舍管理员等人员,覆盖到包括体育课、实验课、试听课、讲座课在内的所有课程,覆盖到学校食堂、学校医院、学校安保、学校后勤超市等地点。

2. 打通专业协同育人渠道

打通各专业"课程思政"协同育人沟通渠道主要是在课程协同、教师协同、管理者与教师之间的协同三方面。第一，从课程协同来看，主要是课程内容的协同育人。如前文分析，高校"课程思政"建设要求的思政元素应符合高校思想政治理论课的要求，因此建议专业课程课堂上所需融入的思政元素应该与思政理论一致协调。另外，不同专业的课程内容的协同，彼此应避免内容相悖、内容重复，应相互支撑、相互融合。这一点主要是针对逻辑性较强的理工科课程而言。第二，从教师协同来看，一是针对大班授课引致的低效性尝试建议同专业的教师可以在"课程思政"建设上予以合作，通过分工细化，将大班课改为小班课或者利用互联网工具制订线上课程，对学生设定登录权限，使他们分批上课，全力弱化大班上课引致的低效问题；二是针对不同专业的教师而言，要加强交流合作，推动信息共享，同时在课程内容改进和监督方面，不同专业教师思路存在差异，加强交流只会拓展思路，丰富学生学识。第三，从管理者与教师协同来看，主要是搭建在生态系统内，用于教师与教师、教师与管理者、教师与课程、管理者与课程之间的沟通平台。这种平台主要是线上的互联网平台，但需要同时涵盖PC终端、移动终端和手机终端。

三、构建家庭、社会、学校联动育人体系

（一）加强家校联系，开展良好的家校互动活动

家庭教育对大学生的主流意识形态有一定的影响。家庭教育作为有双重属性的一种行为实践，既具有尊重人的天性成长的自然属性，也有引导人的行为符合角色规范的社会属性。家庭成员之间具有特殊的、独有的黏合方式和情感联系，能够基于亲情感化、言传身教、心灵沟通、生活互动、角色配合等方式，强化大学生的家风家训、亲情观念、敬老爱小、邻里关系、人生挫折、人格、性格、习惯教育。

如今高等教育的普及及教育的公平发展，使得来自不同地区、不同家庭环境的大学生在同一所高校同一间教室就读。有的学生的家庭比较注重对子女的意识形态教育，其父母本身对主流意识形态就很认同，这样的家庭氛围影响下的大学生一般不会出现意识形态认同危机。比如2018年7月中旬，天津科技大学校长收到了一封来自甘肃省清水县边远山区42所中小学校长联名发来的感谢信，主要是感谢该校周钰城同学18年来坚持扶贫助学奉献爱心的感人事迹。探寻周钰城18

年的支教历程，我们发现，周钰城的爷爷周振明对他影响很大。周爷爷是正县级退休干部，曾经从事甘肃清水地区对口帮扶工作，周钰城从小就听爷爷讲述老一代人艰苦创业的经历。在爷爷的影响下，周钰城坚持了十几年爱心支教的道路，新华网、北方网、今晚报都曾报道过他的爱心事迹。然而，也有些大学生并不具备这样的家庭环境，其家庭成员本身就被一些负面的思想影响，家长由于其个人经历或者是一些主观偏见，缺乏对主流意识形态的认同，也会阻碍其子女的主流意识形态的形成。因此，家庭教育对大学生的思想政治教育工作效果有很大影响。

1. 开展家校共育

家庭作为大学生生活和实践的重要场所，其成员对此课程的态度影响着大学生对此课程的认知。良好的家庭认同氛围的构建，可以以"润物细无声"的隐性教育方式引导大学生对此课程认同。

心理学家认为，幸福的人用童年治愈一生，不幸的人用一生治愈童年。学生在进入学校接受教育之前，家庭教育已经在他们身上留下了深深的烙印，这些烙印也许有利于学生的道德发展、人格完善，也许不利于学生的成长。而这些家庭教育的信息需要思想政治课教师与学生家庭进行深入的沟通交流才能更加全面地掌握。因此，思想政治课教师可以通过实地家访、电话沟通、开家长会等形式与学生家长进行信息交换，制订更完善的学生德育计划，促进学生的健康发展。

家庭教育对子女具有得天独厚的亲和力和深远持久的影响力。因此，家长要注重家庭教育环境的构建，以此为子女的健康成长创造良好的家庭环境。具体可以从以下三个方面来努力：其一，家长对高校思政课程的态度是子女正确定位此课程地位的重要参考因素，因此，家长要改变传统观念中思想政治课程是"副科"、学不学无所谓的错误观念，树立正确的成才观，正确认识和定位此课程在子女德育培养和能力提升中的重要作用；其二，大学生对事物和行为的辨析能力还有待提升，非常容易把家长的言行作为他们模仿的对象，因此，家长要严格要求自己，以身作则，给子女的道德培养做好示范；其三，建立家长、学校、教师沟通机制，及时掌握和熟知子女的思想状况和行为表现，一旦发现问题，通过双方共同努力，及时帮助子女纠正错误观念和行为，保证子女沿着正规的路径前行和成长，同时也能通过这种方式让子女进一步感受到家长对此课程的重视，提高他们的学习动力。

2. 完善学生家长的监督权力

协同育人一定要实现权力的监督、监管，保障权力不滥用。某些时候，人们讨厌权力，是因为许多拥有权力的人在运用权力的时候违背了公平、公正的原则，打击了人们的信心。协同育人系统中，学校党委、职能部门、教师个体都拥有一定的权力，他们是否参与协同育人，协同积极性如何，协同工作参与度如何，协同效果如何，这些都需要有人监督约束。因此，完善的协同结构应具备监督、监管的功能，借助学生、家长等的外部力量，无形中给权力拥有者压力，促使他们主动参与协同育人工作，让权力在正常范围内使用，变得更加透明，更加公正。

（二）拓展社会实践，开展和谐的社会互动活动

1. 拓展社会实践

无论是价值观念、必备品格还是关键能力，都将在社会实践中得到检验并不断发展完善。比如，厚植爱国情怀是思想政治课的重要功能，大学生和高校教师既可以在教师环境中开展教学活动，深化学生对祖国的情感；也可以带领学生祭拜革命烈士、参观战争博物馆等，深入了解国家曾遭受的苦难、更真切的感受革命先烈的大无畏精神，并树立为国奉献一生的志向。因此，根据教学内容需要，适当地开展社会实践活动，充分利用当地的教学资源，加强学生与社会的互动，有利于拓宽学生视野，深化学生的乡土情怀，培育学生的爱国情感。

在社会实践中，社会风气在很大程度上对思政社会实践效果产生了影响。社会风气和社会环境的好坏影响着大学生对高校思政课程的认同与否，因此，整个国家、社会和各个部门要协同努力，共同来为大学生养成过硬的思想政治素质和正确的价值观念提供一个良好的社会认同氛围。具体可以从以下三个方面来着手。

其一，净化社会不良环境。首先，针对目前社会上出现的非法经营和网络乱象等社会问题，党和政府要进一步加强廉政作风建设，完善法律法规和多途径监督机制，打击违反诚信经营、偷税漏税等犯罪行为，加强对网络的监督和管理，以赢得大学生对党和政府的信任，进而增加他们对此课程教材内容的认同。其次，针对严峻的就业形势，党和政府要在设法增加就业的同时，进一步贯彻落实"大众创业，万众创新"政策，鼓励有意愿的大学生进行创业，并给予他们最大限度的政策和资金的支持，以缓解就业压力。最后，针对不良思想的侵蚀，党和政府要进一步加强国家意识形态安全防范意识。

其二，用人单位要注重对应聘大学生思想政治素质的考核，将他们在大学期

间的思想政治素质表现情况，以及鉴定评语作为决定是否录用的重要标准，促使大学生重视此课程，增加他们学习此课程的外在动力。

其三，党和政府要加强对报刊、影视和互联网等大众传媒的管理，并充分利用大众传媒传播速度快、覆盖面积广的特点，加大对社会主义核心价值观和能体现社会正能量的人和事的宣传力度，以正面人物和先进事迹传递正能量，进而形成良好的社会风气和社会德育环境。

2. 要建设协同互助的校外队伍

通过建立校企战略合作网上协议，构建同步、智能、交互的"产、学、研三位一体"育人网络，为学生学习、实习、就业搭建大数据网络平台，共建"创客空间"、孵化园、实验室、联合培养实验班等项目，加强人才培养、科研项目、技术攻关深入联合，结合企业科普实践、技术创新、文化价值、发展历程、创业名人、行业模范，强化大学生的思想价值观教育。大数据背景下校企协同育人要重视对大学生分类定订培养，统筹大学生理论和实践、校内与社会、第一课堂与第二课堂多种教育资源，共享优质数据、智库、平台、技术、行业、资产，促进课堂育人与实践育人在内容、作用方式、效果等方面的反馈互补，创造性地把高校思想政治工作与行业领军人才需求进行精准化的前端对接，让理论与实践在校企合作中"打结"，全方位培养大学生思维创新、实践技能、专业素养、学科兴趣、团队精神、社交方法、求职技能、职业规划意识、应变能力等。最后，构建学校政府协同育人队伍。政府对高校思想政治工作既有"管""引"的责任，又有参与、协助、配合的义务。在全球智能、创新、颠覆、互联、开放的大数据浪潮下，政府应当加快健全数据开放、共享、安全标准体系，建立政务数据与高校思想政治工作的多联结通道，将黏性强、契合度高、价值大的数据向高校开放，加速有效数据在思想政治工作中的传播、转换。同时教师和政府人员要通过政策协商、决策分享、监督联动、评价共识、方案共建、责任同担、对象共教建立工作契合点，为大学生提供基层挂职、顶岗实习、支教扶贫的专业化、精准化对接服务，既要发挥好政府对高校思想政治工作的引导、管理、监督、调控、激励作用，又要运用政务工作的专业性、严谨性、服务性育人育心。

3. 构建社会实践与创新创业相融合的实践体系

社会实践和创新创业同为大学生融入社会、认识现实、培养社会责任感、创新思维、发现新知的重要途径，是马克思主义认识论在当代大学生身上的鲜活体现。大数据时代促进了高校思想政治工作实践育人的转型与适应，要发挥数据"催化"作用，加快社会实践与创新创业在目标、思维、过程方面的融合，使二者从内在机理到外在形式形成"默契"，建立体验式、感受性、综合性实践育人体系，让大学生在学和用的统一中成长、成才。高校组织大学生参与社会实践活动在于通过"知"与"行"的转换和迁移，把理论思考转换为行动自觉，在身体力行中提升理论认知，将其深化为自身的价值标准和道德准则。而高校鼓励大学生创新创业，旨在发挥大学生自身在创新创业项目中的创造力、自主性、事业心，强化大学生的敢于创新、积极进取、自力更生、终身学习的观念意识和能力。从本质上看，社会实践和创新创业目标的共同性，在于实现大学生理论解释实践与实践升华理论的双向驱动，促进知行统一。大数据视阈下高校思想政治工作协同育人，要深刻认识社会实践与创新创业育人目标的共生性联系，立足于大数据时代高校实践育人的基本要求，在社会实践目标中融入大学生创新意识、知识、能力、人格培养要素，注重实践教育与大数据、云计算、5G、人工智能等新科技的生态协同。同时，视大学生创新创业为社会性和科学性实践活动，将拓宽专业知识范围、提升认识与服务社会的能力、强化社会责任感等培养内容融入创新创业育人的目标体系。随着大数据在高校思想政治工作中的嵌入加深，高校应当进一步促进社会实践与创新创业在思维上的融合。例如引导学生实践部、校共青团委、就业部门、学生社团、创业指导中心的负责教师，主动将大学生社会实践与创新创业看作实践育人的一体两面，有意识地强化社会实践与创新创业在主体、内容、信息、资源、活动、平台、评价等方面的协同，依托大数据、新媒体、互联网创新实践育人协同服务形式。高校要有意识培养大学生跨界学习的思维意识，要在社会实践与创新创业的统一中增长才干、服务社会，更要向探索精神、大胆革新、敢于批判、追求创新等人格特质的养成迁移。社会实践与创新创业作为时间意义上的可持续性活动，促进两者在过程中的融合至关重要。在活动过程中，高校要与企业达成合作关系，坚持生产活动、志愿服务、基层锻炼、调查实验与创业发展、科技发明相结合，设立社会实践与创业联合基地、研修基地、众创空间、示范项目、前沿工程等。教师应基于大数据模型分析和情况预判，编制社会实践与创新创业的计划和操作规程，分类定制融社会服务与创新创业双向指标为一体的学习任务、管理体系、考核体系，强化大数据在实时考核、大学生实践成绩测评和创新表现中的应用，并开展个性指导，从数据应用中提升实践育人创造力和创新力。

4. 以习近平总书记"中国梦"思想为依托，展开实践教学

（1）培养学生用"中国梦"的思想、方法发现问题、思考问题将社会作为思政教育资源的来源,重视社会调查活动,使广大学生能够在深层次的社会调研当中了解国家变化,使高校学生能够自觉运用"中国梦"的思想观点深入剖析、发现及解决问题,坚定"四个自信",同时也让人生理想和信念更加坚定执着。

高校在智力及人才等方面具备天然优势,要切实发挥这样的优势,激励高校学生主动投入社会调查实践当中。为了保证社会调查活动的实践效果,必须不断提升企业实效性与科学性,特别注意在这一过程当中要设计国家在经济、社会、生活、科技、文化等方面获得的发展成果等方面的主题,使广大学生能够认识到改革开放推动了国家与社会的巨变,让学生更加坚信中国特色社会主义道路符合中国国情,是科学性的发展道路,要坚定"四个自信",提升对"中国梦"的认同感,并主动积极地投入"中国梦"的实现过程。同时要做好"中国梦"实践教学的前期准备工作,尤其是加强对高校当地的人文教学资源的收集、利用。通过当地的人文资源,提升高校思想政治实践教学效果。例如,合理使用高校当地的博物馆、红色文化资源(革命根据地、纪念馆)等人文资源,并将这些人文资源作为实践教学载体融入高校思想政治教学之中,在当地人文资源的教学环境下,"中国梦"不再是遥不可及的"梦",而是切实存在、触手可及的。除此之外,为了保障高校"中国梦"思想实践教学的开展,高校还应当加强对实践教育基地的建设,并以此为社会调查的有序开展创造有利条件。大学生在社会调查过程中,不仅参与了社会实践活动,其应变能力和为人处世能力也会得到不同程度的提升。

(2)突出大学生个性特点和现实需求

高校要重视社会实践,与此同时,要使其和专业学习彼此渗透和有效整合,助力学生综合素质的提升。学校教育需要将理论知识传递给学生,有效扎实学生的理论学习基础。而要让学生获得丰富的理论知识,并在这一过程当中发现新知,就必须依靠实践。而这也是促进学生综合素质提升不可或缺的条件。通过对古今中外教育家的教育理论和实践行动进行分析,能够发现他们拥有一个共性,那就是都重视实践,并注重发挥其教育功能。早在 2000 年前,我国伟大的教育家孔子就给学生提出了要求——让他们增长见闻。于是孔子便带领学生周游列国,让他们能够在游学的过程当中丰富生活体验,提高处理各项事务的能力,以便实现知行合一并学以致用。随着时间的推移,人们对实践教育产生了很多的新认知,也进一步确定了实践教育的突出价值。将课堂上学习到的理论应用到实践当中,并成为学生参与社会实践的理论指导,成为当代教育不可或缺的组成要素。这样的教育方法能够增加学生与外界的联系，完善学生的个人品格。与此同时，还能够提高学生的自主能力和集体观念，让他们对社会道德、经济价值等概念的认识更加深刻，也让他们能够在接触劳动者和深入社会实践的过程当中，产生尊重劳动者的正确思想。实践教育能够促进学术科研和思政教育的高度整合，成为二者的结合点，而这也要求高校能够将课内外联系成一个整体，充分利用好两个课堂，让学生在实践当中进一步萌发和强化热爱专业的观念，不断充实自身的专业理论知识以及实践技能，明确自身作为社会主义事业的建设者和接班人要承担的社会职责，积极地为"中国梦"的实现做出贡献。

（三）优化学校教学，开展高效的思政育人活动

1. 加强高校对思政教学的重视程度

国家和高校对高校思政课程的实际重视程度，直接决定着此课程的建设进度和效果。

（1）加强国家对思政课程的重视程度

其一，国家目前虽然已实行了此课程建设情况的抽检和评估制度等，但正在实施的监督制度满足不了对各高校此课程建设的真实情况进行全面了解的需要，国家及相关部门应该进一步拓宽监督渠道、丰富监督途径，如将听取正面汇报与随机核查、明查和暗访、事先通知听课与随机听课相结合等。多途径、多方面的监督有利于全面、真实地掌握高校思政课程的真实建设情况。其二，加强高校思政教师队伍的建设，尤其是师范类高校和此学科的硕士生和博士生的培养，为满足高校对专职教师的需求提供保障。其三，国家或地方相关部门要充分发挥自身在协调各高校共享此课程教育资源方面的独特作用，使此课程教育资源作用最大化。针对此问题，国家或地方相关部门要积极探索教育资源共享模式，并做好监督工作。在这方面，笔者认为可以借鉴北京市的做法：开设市级高校思政课程——"名家领读经典"，这样既可以充分发挥理论学家的号召力和吸引力，使北京市的教育资源作用最大化，也可以激发大学生学习"经典"的自觉性，进而有利于提升大学生学习此课程的积极性。

（2）加强高校对思政课程的重视程度

原教育部部长袁贵仁在2015年12月份召开的全国思政课建设工作会议上，强调了思政课程的重要性，但部分高校仍然只是在大方向上按照相关要求来建设

此课程，未能把许多细节性的问题真正落实到位。鉴于此，高校应该从以下几个方面来落实细节性的问题：其一，招聘满足教学需求的教师数量，严把质量关，改变现有的"大班教学"模式，实行"中小班教学"模式；其二，加大投资，配备足量的现代化多媒体教学设备，同时加大对教师进行现代教育技术培训的力度，确保每位此课程教师都能熟练操作现代化教学设备；其三，纠正相关部门及领导对高校思政课程价值的错误认识，合理安排其上课时间，上课时间安排要尽量符合学生学习能力的变化规律，尽量安排在学习效果较好的上午进行，以进一步提升此课程的教学效果；其四，高校及领导要准确定位和认识实践教学的地位和作用，把实践教学真正纳入正常的授课过程。实践教学是一种涉及学校多个部门的教学方法，需要各部门给予支持和密切配合。因此，高校及领导要督促教务处、财务处、后勤处和保卫处等相关部门积极配合实践教学，并提供足够的经费支持。此外，要积极创建校内外实践场所和基地。充分运用学校的资源，创建校内实践活动场所，如建立模拟法庭，方便大学生进行模拟庭审等；要加强与社会相关单位的合作，建立大学生校外实践基地，选择实践基地时要综合考虑单位性质、工作人员素质等因素，以免对实践效果产生负面影响。

2. 建设和发展校园文化

（1）高校校园文化的作用

第一，能够塑造学校的良好形象。对于一所学校外的公众，不仅会对学校的表面进行观察，还会去感知这所学校的内在精神和文化感知，以此确立这所形象在公众心里的形象。因此，校园文化作为学校的内在精神和文化的集合，其中的一些优秀人物形象及一些标志性的建筑，包括教师和一些名人，以及散落在校园内的各种书画、水墨画，特别是历史名人雕塑、碑亭等文化景观等，都对公众及至全体社会发挥很强的示范作用。和谐的大学校园文化可以塑造学校的良好形象，提高学校的声誉和知名度，从内到外提升学校的形象。

第二，能够对学生起到教育和导向作用。我国对高校校园文化的基本要求是必须要体现健康向上、生动活泼的内容。这是因为，健康向上、生动活泼的校园文化能够提高全体大学生和高校教师员工的思想觉悟和认知能力，进而塑造和培养其美好的心灵。现如今，由于每个人身处的工作环境、家庭环境和社会环境不同，这就会让他们的人生观、价值观及世界观有不同程度的差异。再加上如今全球化趋势，市场经济的冲击，信息时代到来给全体社会成员带来形形色色的信息的同时，也使其受到了一些低俗文化思想的负面作用，随之也出现了一些不良现象。因此，这些都需要发挥校园文化价值取向的导向作用对其进行引领，启迪他们的思想行为，从而使其树立正确的人生观、价值观、世界观，这强烈地体现了校园文化价值取向的导向功能。

第三，能够不断提升高校本身的文化品位。对于学校来说，其校园文化品位主要会在学校的办学理念、学习氛围、学术水平、管理氛围、校风等方面体现出来。学生在校园里最便于体验的就是学校的文化品位，学校所展现出来的文化品位越高，就说明学校的水平越高。并且，文化品位会构成一种无形且强大的力量，在学校的方方面面渗透开来，潜移默化地影响全体成员的文化品位，对其产生一种其他专业课程无法比拟的深刻的影响。因此，建设完善的校园文化，可以使学校的文化品位得到不断的提高。

（2）营造民主氛围

在校园文化中营造民主氛围，就是要让高校重大决策的透明度、公开性大大增加。重大决策的讨论应当广泛征集或采纳大学生和高校教师的意见，使大学生和高校教师的声音和意愿能更好地在高校的重大决策中得以真实、准确地反映；还可以建立畅通的学校领导与大学生和高校教师间的联系渠道，例如实行校长网上接待日、设置大学生和高校教师监督岗、长期设立意见箱等，通过这些措施让双方充分交流意见，进一步激发大学生和高校教师的精神动力、主人意识与归属感。

同时，要按照民主的原则来组织具体的校园文化活动和社团活动，处理问题、解决事情也要通过民主程序，这样可以使学生的民主观念得到训练和培养。民主氛围的营造，是大学生和高校教师在建设和发展校园文化中积极参与的基本条件，也是建设和发展校园文化使其平稳推进的重要保证。因此，下大力气营造浓厚的民主氛围是必要的，大学生和高校教师精神世界的丰富也需要以此为依托。在建设和发展校园文化中要充分发挥大学生和高校教师的作用，鼓励学有专长的教师以导师的身份参与到校园文化活动中来，帮助学生编排健康有益的文化体育活动，将传统节日、重大事件等元素融于其中，经常给予学生指导或建议，不断提高校园文化活动品质。与此同时，要增加这些活动对学生的吸引力和感染力，使越来越多的大学生愿意加入校园文化活动队伍里。这不仅可以让学生从中得到锻炼，还可以让学生的精神世界不再空虚，以此提升建设和发展校园文化的水平。

（3）建立健全校园文化设施

校园文化设施先进且齐全、校园文化环境优美且恬雅，为校园文化活动井然有序地开展创造了便利的物质条件，也标志着整个学校的文化建设与发展的水平。因此，校园文化设施的建立健全和校园文化环境的构筑，是建设校园文化过程中不能遗漏的重要组成部分。高校要科学规划、加大有关方面的资金投入力度，使各类文化设施不断完善，如图书馆、校史馆、电教馆、实验室、音乐厅、学术报告厅、体育馆、计算机中心、博物馆等，利用这些场所来开展具有不同意义又多姿多彩的校园文化活动，对大学生的精神文化生活需要加以满足，进而丰富他们的精神世界。

同时，还应对校园进行合理布局，在绿化美化校园中形成自己独特的文化向心力，使大学生在一个共有的文化精神之上学习生活。可以从对学生情操的陶冶和综合素质的提高视角出发，并结合高校自身发展的历史变迁情况，搞好校园景观建筑、建设好园林绿化、装饰好教学楼等地，让整个校园散发出迷人芳香、充满青春活力、愉悦身心成长，成为一个既美观舒适又和谐宁静的校园生活圣地，用这种物态无言的方式感染和影响着每名学生，从而达到无声胜有声的育人目的。

（4）加强校园网络文化建设

①引导学生正确利用网络文化。所谓的引导也就是启发诱导，是指教育者运用"提出问题—分析问题—展开讨论—统一思想"的思路，引导受教育者积极运用头脑进行思考，并通过思想碰撞和比较分析使受教育者学会透过表面现象探究事物内在的必然联系；通过对事件正反两方面的解析使教育对象学会用全面的观点来看问题，能够在面对诱惑时保持谨慎，面对挫折时勇往直前；通过开导受教育者改变其原来狭隘短浅的认识，学会在看待问题的时候使用全面的、发展的、联系的观点，来拓宽受教育者的视野、拓展其思维；通过用已知的事实作为依据，使受教育者认识到不良思想导致的严重后果，以达到放弃原有的错误想法，从而走向正确思想轨道的目的。②培养校园网络文化建设的管理人员。网络迅速发展的社会背景下，培养一支具备较高政治理论素养，且精通高校思想政治理论课传授工作和网络技术的校园网络文化管理人员，是利用网络文化开展传授工作的保证。传授主体需要积极参与理论学习、实践锻炼，从而使自身具备较强的信息分辨意识、高超的信息处理能力、高尚的信息伦理道德，增强自身的信息素质，使自身符合校园网络文化建设管理人员的要求。③以马克思主义为指导进行网络文化建设。校园网络文化建设应坚持以马克思主义科学理论为指导，坚持正确的价值引导。传授主体在网络工作中要坚持教育和引导的正确性，积极宣传党的正确方针政策，在国内外大事的描述和评论上、对西方社会思潮的辨识和批判上，坚持道德底线、法律底线、政治底线，并致力于弘扬优秀的民族文化，使接受主体在这一系列的高校思想政治理论课接受活动中，进一步树立民族认同感和自豪感，提高自身的思想素质，提高接受效果。④搭建高校思想政治理论课接受网络文化

体系。要加强网络服务于接受活动的功能，必须做到以校园网页为主体，各部门的特色网页为基础，构建全方位、立体化的网络文化体系，通过"新闻专题""时事政治""红歌点播""主题活动""名家点评"等栏目，建立积极向上的校园网络文化氛围，增进接受主体对校园网络文化的关注，并以此为基础及时报道高校思想政治理论课接受活动的最新动态，积极引导接受主体参与其中，将校园网络文化与高校思想政治理论课接受活动相融合，"润物细无声"地进行传授活动。⑤加强校园网络资源的管控力度。要保证校园网络资源的"纯洁"，不被杂七杂八的不良思想所"玷污"。高校应设立专门的岗位对网上各种信息进行筛选、整理，重视网络体系的日常维护，从而推动网络管理体系的健全发展。同时，要努力建设一支整体素养较高的网络管理队伍和完善评论员制度。而对于网络管理员的培养，要着重选拔一批熟悉新闻宣传，网络技能能手，担任网络管理的人员。这些管理员对信息的采集质量，直接关系在校成员对当下时事的变动情况的了解程度，以便能够与时俱进的进行教学目标的制定和个人综合素质提高的方向。

3. 优化校园运动休闲区的环境建设

运动休闲区是学生放松身心、缓解压力的主要场所。大学生除接受课堂教育、受教学区环境的熏陶外，大部分的时间也会处在运动休闲区环境的影响之下。运动休闲区内的建筑布局、精神氛围、教育活动等环境要素，必然对学生的教育起着重要的作用。

（1）优化运动休闲区的空间布局

列斐伏尔（Henri Lefebvre）在《空间的生产》中向我们表达了对于空间的看法，即空间不仅仅是社会关系变化的"容器"或"平台"，它还是文化的另一种表现形式。①据此，可以认为校园空间是校园文化的表现，甚至它就是文化。校园内的连廊和庄严的列柱也将是对学生教育的一部分，花园里的每块石头都能向学生传递校园精神。无论是哪种类型的校园环境建设，都必须以整体性和连续性为原则，进行空间环境布局的改造。整体性原则就是指在设计时应该有统一的思想精神，周围所有的环境布局都应该以此为出发点进行建设，这样可以使学生更加明确学校所传递的思想精神；连续性是指思想精神在空间环境布局上的分布应该是连贯的，不能只在校园里的一个或几个地方体现思想政治教育精神内涵。教学楼的教室是大学生接受思想政治教育最多、最频繁的一个场所，我们应该在其他的校园空间环境中将其连续下去，可以是温馨有爱的宿舍、使人振奋的广场，也可以是

---

① [法]亨利·列斐伏尔.空间的生产[M].刘怀玉，等.译.北京：商务印书馆，2021.

宽敞整洁的小路，清澈明亮的湖水。因此，必须要优化运动休闲区的空间环境布局，既要体现校园建筑的审美情趣，也要体现时代脉搏，更要体现校园精神，使学生无论是在课堂内还是课堂外，都能受到环境教育的熏陶。

（2）完善运动休闲区的"教育链"

大学生的学习任务相对高中来说有所减少，这为学生参加课外活动提供了充足的时间。完善运动休闲区的教育链就是指使学生通过对校园活动的深入了解和学习，形成对该活动的进一步认识，从而形成一种情感上的认同，而不仅仅是停留在这场活动举办的表层意义上。因此，对大学生的教育要由无到有、由浅入深，使学生形成系统的、切实的思想逻辑。比如：学校举办足球比赛，大多数高校都提倡竞技体育，宣扬体育精神，但往往都忽略了足球比赛带给学生情感上和认知上的变化。笔者认为一场足球比赛的真正作用在于育人，学生通过一次活动体会到的不仅仅是竞技场上的体育精神，更多的是对体育精神的延伸，最后落实到体育活动育人的角度上，形成一个完整的教育链条，这才切实符合高校对学生的培养目标。当然，形成一个完整的教育链条需要校园活动的组织者做好活动前期和活动后期的统筹计划工作，为学生提供深化自身思想意识的机会和平台，比如组织学生进行赛后反思、邀请专家或专职教师进行专题讲座，使学生充分意识到每一场比赛背后所蕴含的意义，这样才能帮助学生树立良好的思想意识。

4. 优化餐饮起居区环境

餐饮起居区是学生课后生活的主要组成部分，是学生思想政治教育的重要载体。餐饮起居区通过优化思想载体，组织文化活动，来推动大学生餐饮起居区的文化建设，也对思想政治工作的开展、学生凝聚力的提高有极大的推动作用。

（1）餐饮起居区设施要体现出思想载体作用

餐饮起居区环境建设投入到位是切实加强学生思想政治工作的基础，高校要高度重视餐饮起居区环境的改善。

首先，要重视"自然环境"建设，使楼体从外部环境到内部环境都保持清洁舒适。例如，楼外的绿化美化、楼内张贴的壁画标语或名言警句等，能传递给学生不同层次的思想信息。这些都能营造良好的思想氛围，发人深思、助人自律。

其次，要重视硬件基础设施建设，使学生的学习、生活更加便利和舒适，提高了学生的幸福指数。例如，改善室内家具设备，并提供洗衣房、医疗室、微波炉等配套设施，在实际生活中解决学生困难，给予学生便利，让学生在学校内感受到家的温暖，从情感上达到"润物细无声"的效果。

最后，要重视文化基础设施建设，满足学生在餐饮起居区内业余活动的需要。

例如，加大学生阅览室、自习室等附属设施的投入力度，为校园文化活动向餐饮起居区延伸提供一定的物质条件，这不仅是思想政治教育的要求，也是学生自我发展和健康成长的需要。

（2）生活区休闲活动要陶冶学生思想情感

餐饮起居区是校园思想政治教育的重要组成部分，餐饮起居区的教育活动既要紧跟时代潮流，把握时代脉搏，又要陶冶学生的思想情感，紧贴学生生活实际；既要体现学校特色，又要保证形式丰富多样，这样才能满足学生日益增长的物质文化需要和精神需要。

例如，可以在公寓楼内开展大学生公寓文化节，包括感恩教育、团结互助等一系列主题活动，既贴近学生生活实际，又帮助学生树立正确的思想观念；可以围绕大学生关注的热点问题，举办各种讲座、演讲等，既能够让学生积极主动地学习，又能锻炼其表达能力；可以举办文艺会演，让学生发挥所长，在展现自身风采的同时也提高了自信；可以组织学生参加各种社会实践，积累社会经验，学以致用，自觉建设高层次的餐饮起居区文化。总之，餐饮起居区的活动要以学生为主体，以学生的思想情感为主线，以陶冶学生思想情感为目标，积极营造适合学生发展的思想政治教育环境。

四、构建"课程思政"协同思政课程全方位育人体系

时代的发展，使得思想政治教育的内涵变得更加丰富，成为一个更加完整的体系，"课程思政"应运而生，但无论选择什么样的教育方式、手段，都要对学生进行全方位的育人教育。所谓全方位育人，就是在对大学生进行教育的过程中，把思想政治教育体现在不同领域、层次、类型等多个方面，这样才能从整体上提升大学生的思想道德素质水平。只有加强全方位的育人力度，形成全面和谐的德育环境，增强大学生的参与感，"课程思政"才能渗透到学生生活的方方面面，有效地提高"课程思政"教育的实效性。

（一）"课程思政"协同思政课程全方位育人体系构建理念

1. 强化价值引领

价值引领有着强大的感召和激励作用，科技创新、全球化互动正在改变着我们的生活状态和交往方式，充分发挥社会主义核心价值观的价值引领作用是当前应对多元思潮冲击的强心剂，是维护我国主流意识形态的稳定器。在社会主义核

心价值观的共建共享下,我国越来越多的公民自觉地建立起了强大的"中国信念",培植起了深厚的爱国主义情怀。一个群体内部具有强大的价值导向吸引力,可以强化主体的角色意识,明确责任边界,增强群体的凝聚力和自信心。从思想政治教育的学科特质来看,思想政治教育与其他社会自然科学不同,其实质是在观念、思想、精神层面对公民进行影响、改造的哲学社会科学,是知识内化与行为外化的双重统一。在开展思想政治教育工作时,更要充分认识到价值引领的重要性。高校全方位思政育人体系的创建,需要明确体系中主体需要遵循的共同的价值原则和导向,始终把立德树人作为贯穿所有环节的红线,牢牢把控正确的教育教学方向,抓住学生与教师这两个主体,在"共情"中强化思想政治教育主体对自身身份的认同感,打通各主体间的情感通道,激活其主体育人力量"心往一处想"的同时,确保最终形成的思政育人体系合乎规范,向着正确的道路和方向迈进。

2. 挖掘资源功能

思想政治教育从来都不是由单独存在的几个点所构成的,它不仅仅是高校或者专职思想政治理论课教师的专属任务,或是只局限在课堂之内的工作,而是一个由多因素教育资源联动参与其中产生作用的有机系统。马克思主义系统观告诉我们在认识、处理和改造事物的过程中,要以整体、全面、立体的眼光代替线性思维,要注意事物的各个方面,遵循其层次性,分析层次数量、顺序对整体功能的约束限制。在高校全方位思政育人体系的开展构建过程中,要充分发挥能够对思想政治教育发力的每个子系统的育人功能,务必要深入各个角度来对思政育人资源进行评估整理,拓宽思政教育渠道和方式,尽可能做到在提升高校思政育人工作的资源选择空间、在提供创新教育平台和手段的同时,无死角、无断层地提高育人资源的价值功能,在"共建"中增强推动实际效能最大化,强化高校思政育人体系的可操作性。

3. 坚持协同联动

在各要素单独孤立存在时,拥有其特殊意义内涵的"质",但因为某种联系而与其他部分相结合成为一个整体而存在时,其个体的"质"就会转变为大于原"质"的新"质"。体系化是实现思想政治教育真正价值的本质要求。在价值诉求明确、导向一致的情况下,高校全方位思政育人体系的优化必须厘清各子系统间的工作机理和内在联系,实现各部门、各机构间的资源共享互通、信息交流互动,才能大最限度地发挥出高校全方位思政育人体系的整体功能,将高校全方位思政育人体系健康持久地运行下去。因此,不仅要在顶层设计中,通过规划、分工构建齐抓共管的管理格局,统一领导,降低各育人资源之间的重合性,减少内部消耗。在人力、物力合理分配上,要从制度建设、学科支撑、教师队伍建设中完善保障机制,促进各育人资源同频共振、纵向延伸。而且,最关键的是在强化内生动力的建设上,要从动机激励、过程监督、结果评价体系中,加强高校全方位思政育人体系的反馈调节机制,提升体系内驱力,不断推动体系实现更新升级。也只有这样,才能推动各机构、要素在协同联动中由条块分割走向一体化建设,促进全方位思政育人体系的可持续发展。

(二)"课程思政"协同思政课程全方位育人体系的价值导向

立德树人是我党对我国教育现状进行宏观把控、总体关切后提出的方针战略。在全方位思政育人体系的构建过程中,要始终秉持立德树人的价值导向,明确立德树人与思想政治教育之间的逻辑关系,将其植入育人主体的自觉意识中,凝聚共识与力量。要坚定以立德为根本,立大德、立公德、立私德,以树人为核心,培养有实践能力的、有世界眼光的、能担当民族复兴大任的时代新人,才能使高校思政工作真正串成一条线。

1. 坚持立德树人的价值导向

(1)立德树人是社会主义高校的立身之本

长期以来,高校源源不断地向社会输送人才。中国特色社会主义高校是在中国共产党的领导下,在马克思主义理论的指导中建立、发展起来的,提高对中国共产党的认同,是保障全国各族人民同舟共济实现中华民族伟大复兴的根本所在。只有牢牢把握住人才培养的核心,将党的教育方针、政策贯彻并落实到具体的工作实践之中,面向广大学生,坚持立德树人,进行深度的马克思主义理论教育工作,以主动的姿态进行舆论引导,才能增进大学生对理论的认知与认同,从而树立科学的马克思主义信仰。这不仅事关大学生的健康成长和全面发展,更事关党和国家的发展后劲和前途命运。要增进对中国共产党理想信念的认同。中国共产党是用共产主义远大理想与中国特色社会主义共同理想凝聚的马克思主义政党,增进大学生对中国共产党理想信念的认同,意味着要将中国共产党人的理想信念转化为大学生自身的理想信念,即大学生以科学的马克思主义信仰,投身中华民族伟大复兴,追求共产主义远大理想。

(2)围绕立德树人构建全方位思政育人体系

从目的性质上看,立德树人不仅强调德行的培养,更加强调成人的塑造,这与思想政治教育工作,旨在实现人由对"物的依赖"向"自由个性"回归的本质是一致的。落实在理论精神层面、制度法规层面及实践活动层面三个层面。在理论精神层面主要包括了教学课程、校园文化，以及审美艺术三个方面的途径与方法；在制度法规层面包括了相关法律规范、规章制度机制及管理服务三个方面；在实践活动层面包括了整体合力、礼仪规范，以及实践活动的三种途径与方法，这些内容均与高校全方位思政育人体系的创建之间具有严密的契合性。因此，高校要始终紧紧围绕立德树人这一价值导向对全方位思政育人体系进行建构。

2. 以立德为根本坚持德育先行的原则

（1）铸牢理想信念

以立德为根本，坚持德育先行的原则，首先要求立大德，铸牢理想信念。所谓立大德，指的是要铸造大学生坚定的理想与信念之德。大学生作为社会主义事业建设的生力军，崇高的道德水平与修养是最为基础的发展要求。在国内外多种思潮暗流汹涌的当下，一些破坏民族团结的不法分子质疑马克思主义理论的科学性、质疑社会主义制度的优越性，企图对我国进行分化。这在充斥着鱼龙混杂的海量信息的互联网环境之中，在一定程度上对求知欲强、"三观"正处于成型期的大学生，在塑造坚定信仰和民族自信层面造成了一定冲击和影响。如果大学生不能树立正确的理想道德信念，那么在成长过程中极有可能会被外界的诱惑所腐蚀。因此，在高校全方位思政育人体系的创建工作中，必须要紧紧围绕立大德这一根本要求，将理想信念的塑造置于首要的地位，引导学生厚植爱国主义情怀，热爱和拥护中国共产党，践爱国之行。

（2）严守社会公德

以立德为根本，坚持德育先行的原则，其次要求立公德，严守社会公德。社会公德是有效调节人与人之间的利益冲突和矛盾的约定俗成的隐性规则，是营造良好社会风气的一种手段。大学生作为社会主义事业建设的主要后备接班力量，每一个个体所代表的都是整个高层次人才群体的形象。在校园这个"小社会"的环境中，推动其养成良好的公德习惯，可以帮助大学生在更好地适应社会规则的基础上，发挥好模范带头作用，推动整个文明社会风气的营造。就当前情况来看，校园失德失信的情况时有发生，甚至一些违背社会公德的行为产生了群体性蔓延的迹象。例如，拖欠助学贷款、破坏教室公共环境卫生、逃避参加集体活动、缺乏集体荣誉感等，可见在校大学生的社会公德整体水平仍然需要进一步的提升。因此，在高校全方位思政育人体系的创建中，要注重社会道德的浸润，引导当代大学生严格遵守社会公德，培养、塑造其社会责任感和感恩之心，积极主动地承担起当代大学生的社会责任，对我国良好的社会风气的营造起到了表率的作用，发挥应有的价值。

（3）培养高洁品质

以立德为根本，坚持德育先行的原则，最后要求立私德，培养高洁品质。培养高洁的个人品质，是高校全方位思政育人体系创建工作的价值追求，也是一项重要任务。教育工作不应在任何一个环节出现缺失，在实际教学实践活动当中，对大学生的整体评价与衡量标准也同样应当以此为准，要把思想认识作为人才评价的重要部分，尤其是将个人道德的呈现事件和动态变化作为不可或缺的衡量因素，而不是把理论专业知识课的成绩作为评价学生的唯一硬性标准。

3. 以树人为核心培养担当民族复兴大任的时代新人

（1）培养有实践能力的人

在思想政治教学过程中，提高大学生实践能力，对大学生的思想观念进行影响，最终还是要回归到实践领域，将其外化为推动社会发展的具体行动。高校思政育人工作，在原有"德、智、体、美"的人才培养目标的基础上，增加了"劳"这一表述，充分彰显了我党对于培育时代新人的实践要求。在革命年代有勇于牺牲自己、成全大局的革命者，在建设时期有兢兢业业、勤勤恳恳的建设者，在新时代，也需要有不到长城非好汉的时代新人为社会主义事业添砖加瓦。实践活动能力的培养是不可缺少的环节，要使学生把书本层面的知识真正地转化应用到实践活动之中，为大学生道德行为规范的养成起到纠偏作用，将理论知识转化为真实能力，让大学生在自主解决实践问题中提升自身的素质水平。

（2）培养有世界眼光的人

全球化形势对我国社会主义建设事业的推进也产生了一定程度的影响。自改革开放以来，"走出去"的战略思想便在我国孕育并不断发展；2018年《中华人民共和国宪法修正案》中将"推动构建人类命运共同体"纳入宪法序言之中，要对大国合理关切，以本国的发展来推进各国的共同发展。种种迹象表明，中国特色社会主义事业的建设工作，与国际形势、世界发展之间的关联是十分紧密的。"得其大者可以兼其小"，高校全方位思政育人工作要把培养学生的世界眼光，提高大学生的战略敏锐性作为目标之一，在学生正确认识世界、评价世界的过程中教育、引导学生，使大学生能够以客观、理性的眼光看待世界发展，明确趋势，找准位置和切入点为国家繁荣富强添砖加瓦、贡献力量。

（3）培养有创新能力的人

创新是社会进步的驱动力量，大学生是我国高等教育的培养对象，是社会建设的活跃力量，创新能力对于大学生而言至关重要，只有创新才能够深入地挖掘科学的本质，才能为社会的进步注入灵魂。在高校思政育人工作中，要对大学生进行渗透教育，向大学生传递创新的思想观念，培养新时代大学生的创新性思维，为社会发展培育永生力量。当代大学生只有走在时代的前列，勇敢地进行怀疑和批判，打破思想束缚，才能不断获取突破性的进展。为了能够培养具有创新能力的大学生，在高校思政育人体系的创建过程中，既要以创新性的思维作为指导，对以往的教育理念、教学机制、教学方式方法进行创新和转变，学习更加先进的技术手段，为思政育人工作创造更多的新意，在无形中感染和熏陶大学生的思想，又要让大学生参与到与"双创"相关的活动之中，培植打破陈规、推陈出新的意志品质。

（三）"课程思政"协同思政课程全方位育人体系的保障机制

1. 规范工作规划，严格育人制度建设

华中科技大学在"党旗领航工程"中强调制度护航对高校育人工作的重要性，从顶层设计、社区育人、条件保障三方面入手，出台《贯彻落实"做六有学生"的实施计划》等指导性文件，旨在为高校育人工作指明方向。复旦大学在对标教育部相关文件精神的基础上，聚焦育人体系深化改革。通过分析、明确学生、教师、管理人员等不同主体在育人体系中的任务要求，加大了对已有制度的执行力度，建章立制推广基层育人模式方法，提高育人质量。完善的制度体系能够为高校思政育人工作的开展提供执行依据和基础参考、规范秩序，是全方位思政育人体系得以有序运行的基础支持，是控制和约束体系规则、模式、发展趋势和走向的有力手段。将育人工作上升为制度，不是要禁锢育人主体的思想和行为，而是要更好地保障主体的根本权益，为其主观能动性的发挥保驾护航。严格高校思政育人制度建设有利于推动知识体系、主体关系、资源分配的规范化和透明化，有利于激发育人主体的育人热情和保护育人主体的劳动成果。在"课程思政"协同思政课程全方位育人体系制度建设过程中，首先，要求高校要正确解读并理解党中央、国务院及教育部所下发的相关政策文件，并结合历史经验和传统进行理解。其次，坚持分层原则，结合学校、各部门、各院系的具体教学情况和教学需求，坚持自律与他律、外部约束和内部约束兼修，对各个教学部门、组织管理机构的工作责任、职权范围、工作目标与任务等方面的情况进行说明与规定，为思想政治教育工作的开展提供确切依据。再次，坚持分众原则。根据不同育人主体育人的需要，

和不同育人资源的特点找准育人着力点，参考实践案例建立配套等级标准。最后，突出抓重点、补短板的原则，在深化绩效审核的基础上，简化申报程序，加大投入，着力破解发展不平衡的问题，实现高校教育治理能力现代化。

2. 坚持改革创新，加强育人理论研究

科学的理论是实践经验的理性总结和升华，蕴含学科逻辑和思维，是实际践行的指南针，对实践具有巨大的指导作用。但作为理论来源的历史实践总是处在不断变化与发展之中，理论的科学性、严谨性保持建立在对实践变化的正确认识和不断创新更迭中。东华大学实施德育研究提升工程，聚焦思政育人过程中存在的重难点，如课程内容、教学方法、考核方式等，组建研究团队，其目的就是为一体化思政育人提供理论支撑。全方位思政育人体系的创建工作应当以扎实的理论知识作为遵循和依托，不断提升思政育人理论的研究水平，推动育人理论的更新发展。首先，要引导高校师生主动地投入对思政育人理论研究成果的学习之中，包括以往的研究成果及最新的研究动态，以理论知识武装主体，全面提升知识储备，克服经验本位的工作惯性，为思政育人教学工作的全方位开展做好充足的准备。其次，高校要创建思政工作创新及理论研究中心。坚持改革创新的力度，并提升对育人理论研究的整体水平，将研究中心作为教师思政育人理论的交流中心，打造思政集体备课平台，围绕党的建设、思政教育、意识形态工作等相关的理论知识及实践运行情况展开全面的研究和探索。在指导教师将所学、所接触的理论知识投入实践中加以应用，在实践中检查、验证普遍理论的适用性的同时，将所得的个别经验重新进行理性整理形成普遍理论，在科学理论知识与实践教学经验两者之间建立紧密的联系。

3. 加强师德师风，优化教师队伍配置

复旦大学在校党委领导下开展了"强师行动计划"，创建了"三关心一引领"模式，全方位提升了教师理论教学水平。此外，还将师德师风作为新时代优秀教师育人队伍的首要标准，以"全国优秀共产党员"钟扬同志为学习典型、榜样，开展宣传教育活动，引导本校教职工在奉献、服务与担当中钻学问、修品行。南开大学搭建了教师成长平台，成立了教师发展协会，从人员机构配置及思想理论水平等层面对教师队伍进行了优化，鼓励中青年教师参与"择优资助计划"、创新示范团队等项目，助力教师成长发展。在全方位思政育人体系中建立一支强有力的思政育人教师队伍，首要工作便是提升教师的道德自觉，道德自觉性的高低直接关乎教师在工作中主观能动性发挥的程度。要加强对全体教师的思想层面宣

传教育，关注教师的思想动态变化，督促教师认真履行职责，根据学校相关教学制度，贯彻落实党的政策与方针，保持健康的思想状态及正确的行为方式，为学生树立榜样，对学生进行行为实践的教学。学校要对思想政治教育的专门人才进行大力的培养和选拔，建设一支专业化、职业化的思政课教师队伍。鼓励教师自觉和主动学习先进地区、国家的最新知识体系、实践经验等。组织教师参加思政育人为主题的座谈会，互相交流、分享实践教学活动中的成果，互相学习、共同进步。邀请思政育人领域内的专家在学校开办讲座，评选"优秀示范课""思政精品课"，并在线开放、共享等。最后，抓住关键少数，优化教师配置。在教师与学生的比例上，严格遵循专职思政工作人员和党务人员应不低于百分之一，专职辅导员岗位按不低于二百分之一，心理咨询教师不低于五千分之一的方案，优化高校教师配置，满足思政工作开展要求。

4. 打造协同育人机制，形成育人合力

清华大学致力于打造具有"7C"特色的一体化德育体系，成立青少年德育研究中心。不仅重视各个学段道德教育的联动发展，大力推动大中小德育一体化，在附中、附小中传承校风校训；而且在既有的经验和理论基础之上深入剖析研究家、校、社对德育的贡献度和影响度并加以充分利用。大学生的思想道德品质形成不是一蹴而就的，而是在长期的基础教育与家庭生活、社会环境的不断交往中逐渐形成的。高校思政育人工作是与基础教育开展和社会发展需求具有紧密联系的中间环节。在立德树人的大框架下，根据学生的成长规律、学习接受知识能力的规律和教育规律对思想政治教育的主要目的、手段、内容进行规划统整，以中、小学思政大纲为基础，消除与中、小学思政教育工作的断层，从基本常识到人际关系再到发展素质渐进拓展。就要培养合格的大学生，要以社会需求为标的，培养能为社会做贡献的建设者。创建家校联动的工作机制，通过即时通信 App 等方式来与家长建立沟通渠道，使家长充分认识家庭教育环境的重要性，规范自身的一言一行，要与当地的社会组织建立联系，进行不同方式的合作联动，以各地党委、政府牵头，深化校地合作，促进学校与社会组织团体、企业之间的互动，依托社会大资源库，加强思政教育与现实生活的联系，营造社会育人氛围。

（四）"课程思政"协同思政课程全方位育人体系的反馈机制

1. 全方位思政育人体系的激励办法

激励机制是指以人的需要为出发点，运用一定方式提升主体在追求既定目标

时的主观意愿程度，从而激发自身的能动性、主动性和创造性，并生成与之对应的积极行为方式，是促使主体发挥潜能、提高工作效率的重要手段。贵州财经大学在强化顶层设计、推动教学改革的过程中，针对不同层级标准的教师给予了相应标准的薪酬，形成了"5+1"模式的激励机制来提升教师参与的积极性，初步形成了教改成果数量多、优良率高的格局。在高校全方位思政育人体系中改进激励办法，首先，要注重对育人主体多重需要的激励。思想政治教育工作不是功利性的社会活动，不以经济效益和物质利益的获取为最终目的，因此，在激励过程中，也不应单纯的以物质激励为主线，还要从主体的精神需求入手，在人格和思想上引导主体全面地占有自己的社会关系，在实现自身价值和能力突破的过程中产生自豪感、成就感和满足感。其次，创新激励的方式与方法。时代环境和人的思想观念都处在不断的发展变化之中，激励办法的运用要与之相适应，在适应中寻求超越，在继承传统榜样示范、物质奖惩的同时，要发展和创新实践锻炼、情感体验等激励因素，充分结合网络新媒体生动形象地表现激励内容，提升激励水平。

2. 加强对思政教育教学质量的检查监督

思政育人工作在实践中的落实与执行不能仅仅依靠育人主体的自觉性，更重要的是要对工作的实施过程进行实时审视与监督。充分利用纪检监察部门的监督作用，强化制度执行力，从而推动思政育人工作常态化地稳定发展。在高校全方位思政育人体系的构建中，要加强对高校思政教育教学质量的监督，首先，要强化高校思政育人工作的监管责任体系。主要是要明确从中央到地方、从高校到院系，再到组织部门的每一个环节中，各个主体部门所承担的责任。只有将责任进行清晰、明确的划分，才能确保在未履行责任的情况发生之后，能够及时向动作主体予以检举和提醒。其次，要整合校内、校外两方的监督资源，推进监督机制常态化。其中校内监督指的是在高校要创建完善的自我监督体系，设置专门的思政育人监督部门，制定完备的思政育人工作质量检查与监督工作制度，学年初向各个部门下发学校所制定的年度思政育人工作制度，在学年后则要对完成情况进行检查与纠正，并且在学年中组织不定期的抽查，以引起学校全体教职工对思政育人工作的充分重视。校外监督主要是由高校所在地的纪委来进行教学外部的监督，增加学校履行思政育人职责的主动性与积极性。

3. 建立思政育人效果的科学评价体系

科学的评价机制能够通过对执行过程和执行结果的评估、总结，给予系统正向反馈，从而得出改进策略、方法以促进系统升级完善，推动系统的健康可持续运行。中国人民大学在本科人才培养过程中，设计制定了以学生成长阶段为主线的学生课外综合管理评价系统。北京林业大学通过实施"青蓝计划"强化了评价激励机制，对思政育人过程、质量效果和学生的获得感三个维度进行综合考评、立体分析，以此提升教职工人的才培养能力。客观看待思想政治教育工作目标的实现程度，是具体评判思政育人体系的实施效果的必要条件。通过评价结果的展现、反馈，从中了解体系自身现存的不足并加以改进，是实现建构长效的全方位育人体系的必由之路。从受体对象的角度划分，高校全方位思政育人体系的评价体系可分为对学生学习效果的评价和对教师教学效果的评价。首先，针对学生学习效果的评价。打破以往以定量考试成绩为定性标准的错误导向，第一，要创新评价方法，将静态考试成绩与学生成长的阶段性动态变化相结合，将重点放在非认知领域，以课程成绩为核心，以调查研讨、专题作业、时间观察等多种方式为辅助，对学生进行全面评价；第二，要拓展评价内容，将生硬的理论知识与开放性的实践应用相结合，以启发联想代替死记硬背、生搬硬套，实现学生学习由认知向认同、由他律向自律的转化。其次，针对教师教学效果的评价。第一，在院系评价工作中，务必要制定量化的具体指标，尽可能消除评价时的主观色彩，提高客观性，对全方位育人体系的落实情况进行检验；第二，动员学生的主体性力量，高校要将每一个班级作为一个单位，以学生为评价主体，以教师工作为对象来进行评价，同时，为了确保学生对教师评价结果的公正、公平性，学校可以采用匿名投票、网络投票相结合的方式来组织评价活动，并且将两种评价的结果进行横向对比，更加客观地获取最终的评价结果。

（五）抓住"课程思政"协同思政课程全方位育人的最佳时间点

协同需要"同频共振"，而同步同频就要利用好教育的最佳时间点，在重大节日、纪念日、学生发展的重要阶段、社会热点事件发生和思政课教材讲授顺序等时间节点上，做好主渠道、主阵地的协同育人，发挥协同的最佳效力。

在重大节日、纪念日来临时，要结合教学大纲在思政课课堂上开展四史的历史知识讲解和现实意义解读。例如，七一庆祝党的生日，讲授我们党走过的光辉历程、举办红歌比赛等；十一国庆节组织"祖国巨变""家乡变化"相关主题的征文比赛、演讲比赛等。

抓住学生发展的重要节点组织适应教育。充分利用良好的氛围和时机，对学生进行适应教育和适度引导。例如在毕业季，面对学生可能出现的初入社会的焦虑感和离开校园的失落感，思政课教师可以在教学中与学生讨论个人理想实现、公民道德建设和社会法律法规遵守等相关话题，帮助学生掌握毕业后所需要的知识；而在日常教育中，辅导员可以结合学生毕业的相关活动，帮助学生提前做好进入社会的心理准备，缓解角色转变的不适感。这样，让学生在理论和实践的双重影响下，能够尽快适应大学生活的各个阶段，更好地规划自己的学习生活和未来发展。

抓住社会热点事件进行意识形态教育。社会热点事件的分析解读为意识形态教育提供了很好的素材和机会。举个例子，受新冠肺炎疫情影响，社会局势复杂多变。在这一特殊时期，思政课教师和辅导员就要抓住热点舆情和学生心理需求，通过疫情中的真人真事和数据公开，让学生看到党和政府在社会卫生事件中的治理能力和积极态度，体会到中国特色社会主义的制度优势，从而不被错误信息迷惑，保持良好心态。

针对教材讲授顺序安排主题教育。思政课教学往往有规范的教学大纲要求，教材的编写顺序也应契合学生的前置知识储备和接受能力，为教师的教学提供时间参考。而日常思想政治教育相对灵活，没有严格的时间节点规定。因此，为实现协同，要针对教材中课程的讲授顺序，安排相应的主体教育，帮助学生知行合一。

五、促进学生心理健康教育与思政育人体系相结合

（一）大学生心理容易出现的问题

目前，部分学生会在学习和生活中表现出一些问题，这些问题主要集中在以下方面。

一是无聊感。学生很容易在学校的学习中出现无聊感以及缺乏学习动机，这对于学生的发展是十分不利的。

二是缺乏学习动机，这是很多高校学生存在的普遍问题。

三是缺乏自制力。随着年龄的增长，人们会意识到如果自己想在生活中取得成功，就必须要有自制力。早上7点，人可能根本不想起床去上班，但人们知道，要拿到工资，就得咬紧牙关起床。有些学生仍然不知道如何控制自己。他们自制力差，不能集中注意力。这种情况的出现可能与他们的家庭背景有关，也许是因为从来没有人教过他们这些技能，没有人告诉过他们自控的重要性，没有人培养

过他们的自控行为。任何缺乏自制力的学生在学校都会感到不舒服。可以说，大学生如果缺乏自制力，就很难控制自己的行为。

为此，在思政育人体系建设中，还应该切实关注学生出现的以上问题，重视大学生这一思政育人体系建设的主体，促使学生形成良好的思想政治风貌。

（二）重视大学生这一思政育人体系建设的重要主体

1. 采用大学生喜闻乐见的教学方式

针对大学生对思想政治教育认识不够、兴趣度较低、课程育人观念淡薄等问题，在实施思想政治教育过程中，可以采用多样化的教学方式。可以通过网络课堂和线下课堂相结合的教学形式，以及微信公众号和新媒体推送丰富大学生专业道德及素养的文章，还可通过积极参与现场观摩、发现问题、调查分析、热点事件探讨等活动，使"课程思政"与日常生活相连接，改变学生之前对思政元素空匮的认识，使学生思考和解决现实问题的时候能够不断强化对主流意识形态的认识，增强整体意识，让学生做到心中有数、行动一致，并增强其对思想政治教育的认同感，提升育人效果。

2. 形成符合大学生认知需求的教学风格

教学是一门艺术，好的课堂教学效果离不开好的教学风格。教学风格的养成必须从学生的认知需求出发，贴近学生的需求和愿望，充分调动学生的内驱力和积极性，实现思想和行动的统一。可以寻找学生感兴趣的话题，并根据其兴趣制定或调节教学内容，还可以结合教师自身的教学特点选择适宜的方法，从而实现教学目标。举个例子，在学习新课程的内容时，可以提前提出问题引导学生通过搜集整理课程内容的相关资料，形成自己的判断，之后让学生做成PPT形式的报告，通过报告展示、交流，分享自己的理解和感受，在共同探讨中更好地领会教学内容，激发学生的情感共鸣和认可。

3. 引导大学生应对外部社会环境的潜在冲击

高校应该提前谋划并积极应对外部社会环境的潜在冲击，在外来文化的辐射下与本土文化的浸润下，大学生的思想容易受到外部环境与社会变迁的影响。大学生对时事热点、社会重大事件敏感度强、关注度高，对待社会主流意识与社会变迁发展，有着超强的介入意识。而在当下的信息科技时代，大学生积极的社会参与意识最突出的表现便是利用移动新媒体来表达自己的观点。他们一方面关心党和国家大事，承担着社会责任，勇于奉献，另一方面不会回避个人利益的追求，不会只考虑国家和社会利益，更多时候寻会找奉献与索取的平衡点，即在注重价值实现的同时要求有物质利益的回报。要帮助大学生树立远大理想信念，青年强则国强，青年大学生的发展影响着国家的未来，大学生只有树立崇高的理想信念，紧系国家和民族的命运，才能在中华民族伟大复兴的进程中，书写青春梦想、谱写人生华章。例如西南石油大学、四川现代职业学院的主题教育版块——"洗涤大学生的灵魂，塑造大学生的坚韧不拔的品格，让理想信念之光成为大学生前行之路的灯塔与明灯"。下面将从建立合理规范的风险防范机制、开设相关课程加强正面引导两方面提出策略建议。

（1）建立合理规范的风险防范机制

大学生存在的思想道德风险多集中于信念动摇、素质低下、自我放弃、脱离实际等方面，导致其自我约束力差、生活能力弱，无法形成有效的常态化应对措施。为了降低大学生出现道德风险的概率，提请学校针对单一追求个人利益最大化的情况及多元文化的冲击效应，建立合理规范的风险防范机制。具体包括领导机制、管理机制、落实机制、评价机制四方面。

（2）开设相关课程加强正面引导

主要是针对外部社会环境中潜在的影响，专门开设相关课程，主要目的是将冲击的基本特征、内涵及潜在的影响向大学生进行说明、解读，帮助大学生充分认识到部分外部社会冲击对其今后发展的影响，使其主动认清外部冲击的不良影响，远离外部社会环境，积极投入校园学习活动中，切实通过学校的教育来提升自己的能力水平，发挥自己的社会价值。具体建议，建设跨学科科研团队，针对外部潜在的环境冲击第一时间进行捕捉分析，制定研究课程，开展讲解工作。积极组织社会实践活动，引导学生参与其中，通过线上平台、线下活动双管齐下，增强对大学生的引导频度，扩大对大学生的覆盖面。

六、将思想政治教育与其他课程结合

（一）基础分析

通过分析思政育人理论体系，不难发现，对学生进行思想政治教育仅仅依靠单一的思想政治理论课是远远不够的，必须要将思想政治教育和其他方面结合，尤其是要和学生的专业课或者其他的课程结合，促使思想政治教育"全面渗透"，这样才能让思政育人体系更加完善，也能够帮助学生得到更好的发展，才能不违背广大思想政治教育工作者探究思政育人理论体系的初衷。因此，本书在下面的部分会重点分析思想政治教育与其他课程的结合。

可以说,将思想政治教育融入各类课程教学内容中是一种综合的教育理念。实现教书育人两大功能的统一是现代教学的重要目标。无论是从国家建设角度出发,还是从新时代专业人才培养角度出发,将思想政治教育融入各类课程教学内容中都显得尤为重要。

思政教育与专业教育、素质教育是内在一致的。任何一门学科专业,都具有受众广和学习深的特点,是开展思政教育的有利条件,是在对某一种事物、领域等认知的普遍性基础上的深入探索的过程,也是推动思政教育发展的关键之一。

在教学目标上,一些专业课程和思政课一样,都是为了育人:使受教育者接受"德、智、体、美、劳"五方面的教育和培养,以获得全面发展。在教学方法上,都是通过讲授法、自主学习法及实践操作法来传授知识、思想。在教学内容上,它们所包含的求真探索精神、科学思维方法等,也是思政教育的主要载体。

思想政治教育与其他课程的结合,不仅是新时代高校思想政治教育建设的新模式、新理念、新方法,也是高校教师"传道、授业、解惑"的基本遵循。它并不是增开一门单独的课程,而是在原有课程的基础上,通过提炼、分析、归纳非思政课程中的思政元素,将思想政治教育融入专业课程教学的方方面面,从而到达全员、全过程、全方位育人的教育目标,实现立德树人。从另一个角度来说,思想政治教育与其他课程的结合可以理解为以专业课为基石,借专业课、基础课这个平台进行的思想政治教育实践活动,其依靠非思政课程的价值内涵,在知识传递中实现思政教育的价值。

但目前从一些专业的教学来看,其与思政的结合还存在一些问题,主要为以下几点。

一是部分专业学生主观不够重视。作者通过调查问卷及与学生的交流发现,部分学生对自己将来的职业规划呈现迷茫困顿状态,其大脑里被网络上、新媒体的一些不实信息干扰,在"快餐文化"影响下,其对于知识的获取但求了解不求深入。

二是职业道德的教育比较缺乏。每个专业都有每个专业的职业道德,比如医学生的职业道德首先要忠于社会主义医疗事业。由此可见,社会主义医疗事业需要思政教育的学习,医务人员的职业道德及应具备的思想品质,也是行医者应具备的最基本的素质。

三是思政教育认识不足,融合不到位,方案不明确。课程的教学没有将思想方面的教育融合起来,而是将二者分开讲述,导致部分学生在听课过程中一听到思想政治教育部分内容时就产生厌学情绪，这也是学生对于课程满意度低的主要原因。目前，存在专业教育与思想政治教育"两张皮"的现象。如何在专业课中进行思政教育是目前迫切需要解决的问题。

我们要认识到将思想政治教育与其他课程结合，契合立德树人的高校培养人才的目标，因此，需要高校专业课教师循序渐进地挖掘、提炼并整理课程所蕴含的科学精神、价值取向及伦理规范等思政元素。但事实上，囿于自身知识结构的限制，有些高校专业课教师对于组成思政元素的架构还不太清晰。高校教师必须清醒地认识到，挖掘思政内容不能闭门造车，与其他领域的高校教师相互启发尤为重要。比如对世界史、中国史及科学史的理解，对职业的了解等都可以纳入"课程思政"的内容。随着教学实践的展开，高校专业教师的思政素养也将不断提高，会与时俱进地补充一些先前未认识到的思政元素，体现思想政治教育的思想性和时代性。

（二）实践路径

1. 将思政元素有机融入专业课程中

"好的思想政治工作应该像盐，但不能光吃盐，最好的方式是将盐溶解到各种食物中自然而然吸收。"如果在实施"课程思政"中，将专业内容与思想政治教育内容完全分割开，生硬地灌输思想政治教育元素和资源，就如同让大学生直接吃盐，极易使其产生反感和抵制，那就与我们当初实施"课程思政"改革的目的背道而驰了。教育尤其是思想政治教育的力量和魅力，在于能说到人心里去。思想政治工作是要讲究方法的，还需要艺术，教育者要具备教育的智慧，做到将思政教育内容化于无形、融于细微，只有这样，才能让"课程思政"的效果达到最佳。因而在教学环节的安排及教学内容中均可加入思政教育要点。比如通过将爱国主义情怀、集体主义精神等思政教育内容合理融入其他课程的教学过程中，实现专业课的"思政"与思政课齐头并进，以达到全方位育人的目的。

2. 建立思政案例库

各个专业教育的相关工作者，可以在"育人体系"背景下建立思政案例库，合理编排思政教育内容模块，比如爱国主义模块、职业道德风气模块、精益求精模块、安全意识模块、职业担当模块、言传身教模块六个模块。通过教学设计制订专业课程思想政治工作方案，让思想政治教育贯穿于专业课教学全过程，开学前教研室集体备课，除了突出每节课的专业知识重点、难点，还要结合上课实际内容、知识点深度挖掘课本中的思政元素，对应以上六个模块不断深挖，并研究相应的渗透方法，做到真正的"润物细无声"。同时开展全系的精讲课，代课高校教师精讲完毕后，全系高校教师共同帮助代课高校教师，深入挖掘思政内容，探讨思政内容的高度是否合适，研究渗透的方法需要改善和加强，进一步促使教师"课程思政"能力不断提高和改进，并撰写思政教学方案；经过几轮这样的精讲，逐渐建设本专业及本系的思政案例库。在本专业人才培养方案中，明确指出不仅要求教师基本理论扎实，操作能力过硬，还要具有良好的职业素养和高尚的道德素质。

3. 灵活教学方法的运用

教学方法上，因地制宜，线上线下相结合。课堂是思政教育的主要渠道，有些课程的专业性比较强，前期理论知识教学可以安排在线上进行，突破时间和空间的限制，以便学生利用空余时间听课，能将所学理论知识应用于实践，结合自己在工作中所遇到的问题，更好地理解和掌握理论内容。同时，线上授课的方式能够提高学生自主学习和主动思考的能力，给学生提供更多思考的空间，提高学习效能。比如对于医学专业的学生来说，从古至今，在与重大疾病做斗争的过程中，在医疗资源稀缺的情况下，发生了很多感人肺腑的英雄事迹。身披白袍的医务人员不仅是天使，也是英雄，鼓舞着无数医学生投身于伟大的医学事业。我们可以通过多媒体、短视频等先进手段，邀请医院里曾外出援助过偏远地区及国家的医生们，讲授他们在医疗条件落后的地区及国家工作过程中的真实事例、感人事迹，激发医学生的爱国情操、工作热情、职业信仰，并以此激发青年医学生的爱国主义情怀，培养医学生作为祖国未来的希望的责任感和使命感。同时，要强调医疗体系和职业精神的高度融合，注重医学生的职业精神的培养。并且从中学习国家政策、医患沟通技巧、诊治应变策略等。

在线上课堂授课的过程中，可以利用互联网的便利，通过短视频的形式，多元化地向学生传达灌输思政内容，提高学生的思想境界。同时在理论知识基本讲授结束后，合理组织线下课堂，结合他们自身专业遇到的实例，利用场景模拟教学，合力解决在今后的工作中可能遇到的挑战性难题，鼓励学生参与思考、提出问题、给出意见，并由高校教师给予指导，能够更好地帮助学生适应将来的发展、解决问题。

此外，高校教师也可以在高校实训室的文化建设上下功夫，结合专业特点，以展板等形式宣传专业发展史、成果，张贴一些相关制度，进一步提高本专业学生的思政理论水平。作为高校专业课教师，一定要坚持"立德树人、以德为先"的教育理念、全面推进思政建设，将六个思政教育内容模块渗透到日常知识传授和能力培养中，上好有"思政味"的专业课，帮助学生塑造正确的世界观、人生观、价值观，构建全员、全过程、全方位育人格局。

4. 建立有效的评价模式，保障融入效果

其他课程和思政教育结合的评价体系还未成型，因此，不仅要设计问卷调查，同时也要有相应的反馈机制，及时整改，不断完善其他课程和思政教育的结合。只有改变原先的"一考定成绩"的终结性评价，改为平时成绩、期中考试结合期末考试的过程性评价，才能充分发挥考评手段在学生学习过程中的评价、反馈、导向与激励等作用。

5. 注意问题探究式的导向

研究如何将思政元素有机融入其他课程教学的路径具有重要意义。可以说，在将思政元素有机融入其他课程教学的路径中，转变学生观念是切入点，抓实、抓牢这个着力点，才能实现"知识传授"与"价值引领"同向同行。在融入方式上，应该倡导以问题为导向，启发科学思维；在融入渠道上，必须加强课内课外学习的拓展及融合；为了保障融入效果，尚需建立有效评价模式，方能切实发挥育人合力，达到融价值引领、能力锻造、知识传授于一体的教学目标。

高校教师在传授具体的课程知识的基础上，通过科学思维的训练及伦理的熏陶，潜移默化地引导学生将自己学习到的知识转化为内在价值观，转化为自己的一种科研素质或实践思维能力，让学生更好地将所学的思政内容运用到实践当中。

6. 重视专业课程的发展史

不管什么专业，都经历了一个发展的过程，在这个过程中会涌现了无数的杰出人物和事件。所以说，从无到有、从有到强的发展过程中也涌现了大量的思政元素值得我们深入的研究与学习。例如，青蒿素的发现历程，就是爱国情怀及民族精神的重要体现。近年来，我国疟疾预防和治疗工作取得了初步成效，但在一些较偏远地区仍存在疟疾疫情。而青蒿素的问世极大地降低了疟疾患者的死亡率，为全球疟疾防治工作做出了巨大贡献。青蒿素的发现者——我国著名药学家屠呦呦，也因此获得了2015年"诺贝尔生理学或医学奖"。这是我国医药学发展过程中取得的辉煌成绩，同时也是对中医药疾病防治效果及我国民族文化的肯定，是

爱国怀的体现。因此，在授课过程中，可以通过对相关背景材料的介绍，循序渐进，由浅入深，从具体到抽象，从现象到本质，增进学生的爱国主义情怀及民族自豪感，逐步引导学生树立正确的世界观、人生观、价值观，真正让爱国主义精神在青年学生心中牢牢扎根。

第五章 新时代高校思政教学的改革与发展趋势

本章主要内容为新时代高校思政教学的改革与发展趋势,首先,论述了高校思政教学模式的改革;其次,对新时代高校思政教学的发展趋势进行了详细分析。

第一节 高校思政教学模式的改革

一、"互联网+思政课"教学模式

(一)"互联网+"教育内涵

1. 创新教育理念

"互联网+"教育,通过教师的创新教学、创新育人,引导和激励学生树立创新意识,培养学生的创新思维、创新精神、创新能力是信息化教育的重要内容和目标。习近平总书记在向全国教师致慰问信中指出:牢固树立改革创新意识,踊跃投身教育创新实践,为发展具有中国特色、世界水平的现代教育做出贡献。[1]创新人才要靠学校教育来培养,这就要求当代教师必须具备创新的品质,牢固树立改革创新意识,让改革创新成为一种自觉的思维理念、行为方式和目标追求,为创新育人做出贡献。

2. 网上网下资源整合

互联网时代是一个开放、合作、共赢、众创的时代。互联网不仅延伸了现实时空,改变了地理边界,还变迁了关系结构,为教育结构的重塑和整合提供了更大的空间;

---

[1] 引自2013年9月9日习近平总书记向全国教师致慰问信.

移动互联网使得随时在线成为可能，移动终端随时随地可以被接入互联网，使教育的"全时空"成为可能。

互联网可以更好地实现孔子的"因材施教"和今天教育专家倡导的"因材施教"的完美结合。"因材施教"强调教育要从受教育者的实际现状出发，依据学生的认知水平、性格特点、学习能力及自身素质，展开有针对性的教学，促进学生全面发展；"因材施教"强调要着眼于社会对于人才素质的要求，从国家、民族对于人才要求的"德、智、体、美"四个方面出发，将学生的个人发展与社会需要很好地结合在一起，对学生进行着眼于未来的全面成长、成才教育。互联网、大数据能够更科学地分析学生的学情和实际需要，而"互联网+"的资源整合能够整合所有的教育主体，形成教育合力，对学生进行立体式的全方位教育。

3. 思政课网络教学与课堂教学

在通过网络教学平台进行思想政治理论课改革时，所有高校管理者和工作者都需要明白改革的基本目标是什么。只有明确改革的教育目标，才能在实践中有思路规划，并实施各种行动。网络教学平台的思想政治理论课程改革，不只是增加一个网络教学形式这样简单，而是需要将网络教学和传统教学模式融合在一起，实现教育目的。

第一，设置专题教学，丰富教学内容。由于每节课教学目的不同，就需要教师在备课时下一番工夫。在备课时，必须确定好要讲授的思想政治理论课的主要内容。如何通过学生喜欢和好奇的点引入教学内容，如何设计教学过程能够让学生广泛参与并获得教学内容的理论知识是授课重点。

第二，了解学生的预存立场，及时完成教学评价与反馈。想要不断提高高校思想政治理论课的教学效果，就需要在教学当中注意内容和方法。

首先，教师要明确"教"与"学"的关系。在新时期"教"和"学"两者之间的关系是当前教师尤为关注的问题之一，二者之间的关系在很大程度上影响了高校思想政治教学效果。尤其是随着我国教学事业的改革，学生在课堂中的主体地位日益显著，如何在课堂中提升学生的学习主动性，使其积极参与到课堂教学之中，是高校教师亟需解决的问题之一。解决"教"和"学"的关系，能够将二者从分立的局面转变为融合的局面，这对于全面提升大学生思想政治素养有重要作用，同时也是当前我国高校思想政治教育改革的重点内容之一。其次，掌握学生的心理动态。教师在解决"教"和"学"的关系之后，需要时刻掌握学生的心理动态，从而使教学内容具有针对性。曾经因为高校思想政治课的课程少、内容多,而且班级人数多,所以教师与学生的交流不是很方便。而有了网络教学平台后,教师和学生可以随时沟通。同时,翻转课堂采用课前、课中、课后的网络模式,让教师可以通过网络教育对学生进行指导和答疑,也让学生更加了解自己的学习任务。这样就形成了高校思想政治教育学习的闭环,让学生从行动中感受到理论认知,再从理论认知上升到实际行动。这样的反复就促进了高校思想政治教育的发展。

通过网络教学平台,教师不仅能够了解学生的心理动态和认知程度,还可以组织学生在课后对知识进行巩固,为学生总结课中重点,让学生对高校思想政治课的把握更加清晰和明朗。网络平台教学有利于提高学生的期末成绩,也非常适合学生充分理解思想政治教学理论。

(二)优化主流意识形态移动互联网交流模式

有认同就要有反馈,如果单向输出,学生没有反馈,会使机制无法完善自身弱点,在浪费资源的同时也无法达到相应的效果。通过对话实现双向交流,可以及时了解大学生的心理需求,同时大学生在交流的过程中也加深了对主流意识形态的理解。高校主流意识形态移动互联网交流机制,以移动互联网为依托,创建大学生交流互动平台、创设讨论议题,将大多数学生囊括到讨论体系中,实现各个主体的良性互动。高校主流意识形态移动互联网交流模式为大学生提供了交流学习的机会,让其在互动的过程中实现个人疑惑的解决,同时加深对理论的理解。这样的交流模式既有利于大学生话语权的实现又降低了大学生参与表达的成本。主流意识形态移动互联网交流模式的重点在"交流"二字,要实现各个主体的有效对话,必须创建有利于交流的网络环境,例如选取合适的讨论议题、满足多元化的交流需求、建设开放的交流环境等。

首先,要选取值得关注的讨论议题,如果话题过时、陈旧,很难引起大学生的兴趣。因此在设置议题时,可以加入学生的意见,参考学生现阶段日常关注话题,从学生的角度出发,尊重学生个人想法,这样可以让学生感到个人地位的提升,提高其对话题的参与度。另外,还要对议题进行及时更新,定期、定时对学生进行跟踪调查,以网络回访的方式,了解大学生对于机制、议题、讨论方式的看法,提出可以完善的建议,从小处着手,大处着眼。其次,要满足多元化的对话需求,对于大学生而言,单一、固定的模式难免会让学生产生审美疲倦感,时间一长就觉得枯燥无味,不同年龄阶段、不同的兴趣爱好、不同的专业学科的学生,对于感兴趣的议题往往并不相同。因此,要设置多元话题,促进大学生在平台畅所欲言。

利用移动互联网便携性特性，建设平等开放的环境可以吸引大学生积极加入，随时随地实现有效交流，同时为便于管理平台仍需要建设奖惩机制。平台要建立奖励措施，对于积极性高的学生进行激励奖励，正面强化积极行为，对于在发言过程中见解独到的发言，要扩大传播范围，可以建立类似公告的信息栏，展示发言内容；同时也要建立惩戒制度，为维护平等的交流环境，对于恶意破坏交流环境的个体，要给予惩戒，进行公开警示，以暂停对话权利等方式对其起到警示作用。高校作为平台建设者也要及时回应期待，增加需求回收频次，对于回收到的需求进行分类处理，并展示处理结果，增加学生的信任度。对待讨论内容，教育者也要参与其中，与大学生拉近距离的同时，引导学生的思想方向。平台既能促进学生与学生之间的交流和互动，同时也能衔接教师与学生之间的交流互动，在双向互动中增强主流意识形态教育效果。

（三）不同视域下"互联网＋教育"模式的构建

从教师角色看，"互联网＋教育"的模式下，思政课教师的课堂角色和教学中心的设定都必须发生转变，即教师由传统的全盘主导者的角色设定，过渡为"主导者＋引导者"的混合设定，同时强化"以学生为中心"的教学中心设定。这是运用"互联网＋教育"模式的要求，更是现代高等教育的发展趋势。须知，"网生代"虽反感枯燥的灌输和说教，但他们关心社会与国家之心极为热忱。因此，教师唯有摸准学生喜好，掌握网上相关舆情动态，从学生喜闻乐见的角度入手，主动将各学习网站及App的功能合理、灵活地运用到思政课理论分析和政治立场的塑造上，并结合各种"互联网＋教育"的导学、督学策略，必能使"网生代"的大学生摒弃对思政课的"水课""满堂灌"的负面印象，在繁重的专业课学习之余主动挤出时间深入探究思政课的知识内容。

从教学环境看，高校教学管理单位与教师都有需要施力之处。积极同在线教学平台网站签订课程使用的相关协定，依据教学需要提供购置VR等设备的资金和保存设备的场所，并科学地制订课堂手机使用管理规则，组织培训教师学习使用在线教学平台网站及教辅App的功能，为思政课营造"互联网＋教育"实施的有利环境，这是教学管理单位的应有举措；主动学习互联网平台及App的使用技术，熟练运用教学大数据分析手段，研究课堂教学法同"互联网＋教育"的手段相结合的途径，这是高校思政课教师的必做功课。

当然，在确定正确方向的同时，高校思政课教学改革创新工程也应当提前预设出防范风险、避免问题的"拦水坝"。

首先，必须树立"以我为主"的督学、导学原则。教师要发挥主动性，不可全由学习平台网站代行在线网络资源的督学、导学职责，应当适时加强课堂上的反馈性考核，通过抽答、抢答、当场答题等形式考核学生是否真看、真懂、真思考，掌握学生的学习动态。

其次，教师的教学主体引导者能力和作用不可改变。由于不适合教学实际的网络资源很可能对正常的教学逻辑和进程造成干扰，从而影响学生的知识吸收理解，使教学实效性降低。故而，即便使用翻转课堂教学形式，教师仍应发挥主动引导者的能力和作用，尤其是在选取资源、推荐资源的环节上，要根据学情和资源质量进行定向推荐，发挥"过滤网"的作用。

最后，在教学内容上，始终坚持思政课的严肃性、理论性、完整性、正确性。高等学校思想政治理论课是对大学生进行思想政治教育的主渠道。因此，提倡"互联网＋思政课"，并不等于要为讨好学生将思政课娱乐化，去减少甚至删除理论阐述的内容。教师要做的应当是积极探索理论阐释的"互联网＋教育"的形式，同时必须对网络上的错误言论、不良思想和观点，尤其是学生可能在网络中遇到的历史虚无主义等观点言论，进行提前防范和研究，事先抢占思想制高点，构筑思想"防火墙"。在课堂教学中实时阐明错误思想观点的谬误点，并以网络思维，充分利用正能量的网络资源，自然地将学生引入正确的思想方向和价值观构筑方向。

二、抛锚式思政教学模式

（一）抛锚式教学模式的概念

"抛锚"的基本释义是将锚放置于水中，使船停稳。现代生活将其含义引申至陆地车辆因发生故障而停下，例如：汽车抛锚。

抛锚式教学模式也叫"实例式教学策略"或"基于问题的教学"，顾名思义，那就是要有实例或者问题，如果给抛锚式教学模式做一个解释，那就是：教育者先以具有感染力的真实事件或问题为基础创设一个教学情境，待学生在进入这一情境后，再通过自习——合作——自省的过程，从而完成对知识的自主建构。在这个过程中，问题被比喻为"锚"，而这个确定和建立情境的真实事件就是锚环境，而教育者把"锚"适时呈现给学生就被生动地比作"抛锚"。

不难看出，"锚"是整个教学实施过程的关键。因此，关于"锚"的含义我们需要明确把握两个方面的要素。

一是技术。技术的作用对象包括教育者和受教育者。一方面，教育者要依靠技术来创设逼真的教育情境，技术就是"逼真"的一个重要保障；另一方面，受教育者可以依靠技术，例如多媒体、互联网等，多次回顾教育情境，反复学习、不断整合、不断进行意义建构。

二是宏环境。宏环境就是抛锚式教学模式强调创设的真实情境的大时代背景。这里可以看出"锚"的内涵和外延，不仅只是真实事件或问题，还可以包括一个情景且能引起学生的兴趣。从宏环境出发，学生能够通过"锚定"的问题，发展、思考并解决与"锚"类似或者相关的问题，即：知识迁移。

（二）抛锚式教学模式在思政课堂中的运用

1. 调动学生的学习热情

热情是学习的强大推动力。要让学生对每一个科目都饱含高度的热情进行学习是不可能的，毕竟每个人的兴趣不一样、精力也有限，这就需要教师各显神通，利用自身独特的优势，结合学科特点来进行课程设计，从而调动学生的学习热情。一方面，注意课堂氛围。教师作为课堂的主导者，应该主动调节课堂氛围，多数的政治课都被安排在上午最后两节或者下午，是学生的学习倦怠感最容易产生的时段，教师可以准确一个"小锦囊"，里面可以有励志话语、笑话、才艺展示（可以是教师自己也可以是学生）等，在课堂上与学生进行互动，在课堂上与学生进行互动。另一方面，学习讲课技巧。大学思政课由于术语的学术性，容易让学生觉得难以理解，久而久之就会产生厌学情绪。这时候就要求教师能够讲课运用语言的艺术，让自己的课堂用语幽默一些。近几年，中央的学习文件、习近平总书记的讲话、央视主持人的用语，都比较"接地气""幽默"，作为高中思政课教师，可以多学习，最好能够"学以致用"。

2. 增强课堂组织能力

在运用抛锚式教学模式时，最有可能影响课堂秩序的一个环节就是"解锚"。良好的课堂秩序可以反映一个教师的课堂组织能力。显然，良好的课堂秩序并不意味着绝对地安静，绝对的安静有两种情况，一种是课堂的无趣，另一种就是权威型教师的课堂，但无论哪一种都是与新课改理念相悖的。我们讲的有序课堂指的是"动中有序"，课上有活动但是有一根无形地绳在牵着，就好比风筝，也就是所谓的"形散而神不散"。抛锚式教学模式是一个典型的活动型教学模式，因此，对于教师的课堂组织能力来说是一个考验。首先，教师应该训练自己的控场能力。

大学生虽然已经是"成人",但终究不够成熟,需要教师的引导和管控,不可太过放纵。这就要求教师及时控场、适时控场。其次,如果教师控场能力较弱,那么在决定使用抛锚式教学模式之前,就必须做好更为充分的准备,备好教材、备好学生、备好环节,充分的准备可以更好地应对突发状况。最后,教师在完善课堂组织的过程中必须注意活动的设计与安排,注意调节课堂氛围。在实践的过程中笔者发现,部分同学极少参加课堂活动,原因主要有性格、课堂气氛、跟不上等方面。这些问题除了用小组成员分配解决外,教师在组织课堂活动的时候,也应该多点注意力给这些学生。

3. 评价内容多元化

评价内容指的是评价的对象,传统的评价内容就是考试成绩。考试成绩固然重要,但除了考试成绩以外,评价的内容还可以更多元化,这也是我们教育改革的一个方向,是素质教育的目标。在抛锚式教学模式中,从学生加入后的环节均可作为评价的内容。"思锚",我们可以评价学生的自学成果,这个过程的评价需要在"解锚"的环节中进行检验,检验的方式可以是学生参与该环节的活跃度、发言的质量,因为该环节大部分的交流基础是"思锚",即个人观点的表达;"解锚"是基于"思锚"的,但又超越"思锚",原因是该环节不仅要表达个人观点,还包括观点的碰撞,让学生经过探讨,最后形成一个统一的观点,这可以从侧面反映一个同学的团队合作能力;"用锚",该环节就考验了学生的知识掌握情况及迁移能力,可以通过做题的方式来掌握,可以是客观题也可以是主观题,也可以是教师现场口头表达一个观点让学生来回答;"省锚",该环节的评价就是看学生能否正确看待别人的评价及正视自己,可以培养学生"自省"的能力及一定的抗挫能力。

三、微电影实践教学模式

(一)微电影在思政教学中的应用步骤

微电影在高校思政教育教学中的应用,需时刻遵循以人为本的原则、理论与实践相统一的原则、专业性与趣味性相统一的原则,以确保微电影教学法既能够吸引学生参与教学活动,又能达到预期教学目标。根据既有的微电影教学实践研究,微电影在高校思想政治教育教学中的应用步骤如下。

1. 统筹规划好微电影实践教学活动

教师首先要设置好微电影教学的主题。主题的设置应当符合社会主义核心价值观，契合时代主题，并且以夯实思政理论、锻炼实践能力为目标。例如，2019年可以以"新中国成立70周年"为主题，2020年可以以"中国人民志愿军抗美援朝出国作战70周年"为主题，2021年可以以"建党一百周年"为主题。在商讨并明确微电影教学主题后，教师需制订具体的教学实施方案，其内容包括学生分组、时间规划、技术指导、经费支持、考评安排等。

2. 扎实做好微电影创作实践

微电影创作过程是高校思政实践教学的关键环节。思政教学的育人目标能否完成，很大程度上取决于微电影创作过程中的各项任务是否被有效贯彻落实。高校教师应当注重微电影的创作过程，通过提供技术支持和专业指导，引导大学生扎实地推进微电影创作，完成剧本编著、影片剪辑、配文配乐等一系列创作任务。

3. 完善好微电影的考核与评价

微电影制作完成后，教师应当对学生的微电影作品、创作过程记录和相关的研究报告等进行综合评价，在肯定学生思政实践成果的同时，还要指出其在微电影创作中的不足之处，从而帮助其获得思想政治意识的提升。

（二）微电影实践教学模式在思政课的应用措施

1. 教师尽快完成角色转变

目前大部分思政课教师没有很好地转换自己的角色，导致两种情况的出现：一种是教师依旧是实践教学的主角，学生主体作用的发挥受限；另一种是教师没有扮演好守门员的角色，而是全权交给学生，导致学生自由度过大。要避免这两种情况的出现，就需要教师尽快转换自己的角色，发挥自己的主导作用。

一方面，教师要对思政课微电影实践教学有正确的认识，从思想上高度重视自己在实践过程中所充当的角色，认识到发挥自身主导作用的重要性。既不能大包大揽也不能放任自流，又要抓牢自己手中的指挥棒，为学生的实践指明方向。尤其在思政课微电影选题方面，现在许多学生将思维固定在课堂所展示的优秀影片上，很难突破局限，导致影片内容缺乏创意。一部分学生又过多地将自己的个人偏好应用于影片当中。为了解决选题问题，教师既不忽略学生的主体地位，也不能一味地放任学生自由选题，而应该由任课教师集体研讨、集思广益给出选题范围，让学生在指定范围进行选题。这样既尊重了学生，又保证了思政课微电影主题的正确性。让思政课微电影作品能够反映德行善举、传递人间大爱，有一定的育人价值。

另一方面，可以对优秀作品的指导教师进行精神或物质奖励，激发教师的主动性，让教师也能够参与到微电影制作中，用以身作则的行动来感染学生。也可以将思政课微电影实践教学的效果与教师的考评晋升挂钩，这样会提升教师对思政课微电影实践教学的重视程度，促使他们在实践中既积极主动地承担自己的责任，又能够从细节入手严格要求学生，端正学生态度。在实践中，思政课教师可以通过微信群或其他方式跟进学生，及时为学生答疑解惑，解决实践中所遇到的问题，把自己的主导作用发挥到极致。

2. 教师提升自身综合素质

在指导学生时，需要教师不断提升自我，提高运用微电影开展教学的业务水平和综合能力。这样一来，有利于提高思政课微电影实践教学的实效。它可以从以下几个方面入手：首先，教师要定期参加微电影制作的培训活动，在形式各样的培训活动中，教师可以紧跟时代步伐，汲取信息化教学的养分逐步更新自己的知识库和技能库，让自己从微电影领域的小白，成长为带领学生制作微电影的领头羊，为学生制作的思政课微电影把关，促使思政课微电影实现从量多到质优的转变；其次，教师要走出校门走入其他高校的思政课微电影阵地进行参观，和其他教师积极进行交流研讨，学习思政课微电影实践教学的宝贵经验，为自己在指导学生思政课微电影实践教学时提供借鉴，促使学生的思政课微电影作品逐渐克服剧情空洞、制作粗糙等问题，挤干思政课微电影实践教学的水分，使思政课精髓和微电影形式能够达到形神合一，让学生收获满满；最后，思政课教师也可以以小组为单位，踊跃参加高校联合举办的针对思政课教师的思政课微电影大赛，以赛促学可以调动教师的实践积极性，只有教师亲自投身思政课微电影的制作中，才可以完整体验整个实践过程，增强实战经验，提升自身实践能力，不至于在指导学生时只是纸上谈兵，而是能抓住要害给学生提出具有可行性的建议。

3. 激发学生的主体作用

如今，高校思政课面对的是与新媒体技术一同成长的"00后"大学生。河北大学的微电影教学法，恰恰符合"00后"大学生勇于创新、实现自我价值的思维特点，能够在微电影实践教学中发挥大学生的主体作用。学生可根据教师提供的微电影主题以大学生的校园学习和生活为素材，从青春梦想、职业生涯、校园生活、公德意识、社会热点等多个题材中展现。大学生通过拍摄微电影可加强对社会主义核心价值观的深入理解，对时事热点问题的关注与思考，将理论知识内化于心外化于行，成为愉悦的学习者、平凡典范的树立者、创造幸福的体验者、马克思主义理论和新思想的传播者。

第一，运用微电影实践教学，激发学生的参与热情。在微电影实践教学中，部分思政课教师会提前对学生开展组织动员活动，介绍实践教学的重要性、微电影实践教学的作用和意义、明确主题及对微电影拍摄、制作进行培训。前期的动员活动契合了学生的兴趣需求，激发了学生的参与热情，实现了学生知识与行动的统一。而一部优秀微电影的完成需要学生自编、自导、自演，而在这个过程中学生成为实践教学的主体，全程参与到整个实践教学中，能够充分展示学生的主体意识、创新意识，再一次激发了大学生的参与热情。

第二，坚持"三贴近"原则，激发学生的积极性。"三贴近"原则就是要贴近实际、贴近生活、贴近大学生。调查显示，很多大学生都喜欢展现大学生活的微电影题材，说明大学生比较关心的问题还是从大学生自身为出发点。这就需要教学内容要与大学生的成长、成才联系起来，运用微电影教学把理论知识讲到大学生的心里，激发大学生内在的强烈需求，充分调动大学生学习的积极性和主动性，自觉、主动地参与到教学中来。

第三，在微电影实践教学中培养大学生的团队精神。相当一部分大学生认为拍摄微电影能培养团队精神、合作意识，促进同学间的交流。学生利用一部智能手机、一台电脑就能制作完成一部微电影，但是在创作剧本、拍摄和制作微电影上，就需要学生合理分工、相互配合一起完成。学生在参与微电影实践教学的过程中能够有效培养团队意识和团队精神。

学生参与微电影实践教学的过程不仅是对学生自身道德品格提升的过程，还能够促进学生之间的交流和沟通，锻炼学生的实践能力、创新能力，培养大学生的团队意识、吃苦耐劳精神，对大学生形成正确的价值观、正确的竞争协作观念、积极的人生态度、崇高的理想信念提供了可靠的保障，促进了大学生的综合素养的提升。

总而言之，作为一种新型教学模式，微电影教学与当下的大学生个性化学习需求相契合，具有一定的时代先进性。

第二节　新时代高校思政教学的发展趋势

一、信息时代下高校思想政治体系的灵活构建

技术在教育中的价值，是技术与教育之间的一种特定的关系。关注信息技术与教育教学的关系，不仅是技术哲学界的使命，也是教育界的使命。信息时代，要想推动高校思想政治教育工作更好地开展，就要重视信息教学资源的整合与利用，充分借助大数据优势，不断收集、整理有利于高校思想政治教育的资源，从而优化思想政治教育的形式与内容，增强高校思想政治教育的效果。随着互联网发展的深入及信息的传播环境优化，其对高校的影响逐步加深。机遇与挑战是高校思想政治教育工作自始至终所要面对的。

（一）信息技术带来的机遇

在信息技术飞速发展的时代，高校学生也深受影响，互联网为在封闭环境、信息闭塞的高校学生提供了一个了解外界、感知社会的平台。网络媒体在新闻信息传播、网络舆情引导、社会公共事务等方面发挥了更加重要的作用。作为技术创新和融合变革的先行者，网络育人的优势愈来愈突出，可以运用大数据技术快速了解大学生的知识经验、能力基础和思想状况，根据大数据分析的结果可以更好地因材施教，制订德育知识目标、能力目标和价值引领目标，可以运用大学生喜闻乐见的网络语言通过视频会议或者一对一心理辅导消除沟通壁垒。随着云计算、大数据、区块链等技术的快速发展，网络通信技术也日新月异，衍生出众多应用形式。视频会议因更直观、更高清、更便捷的特点，已经成为一种常规的跨地域沟通方式，也逐渐成为网络思想政治教育的重要手段。可以说，信息技术挥在思想政治教育中发挥着越来越重要的作用，其尊重人性的独特特征、全时空育人的巨大优势，可以很好地帮助大学生构建网络意识形态话语权，引导大学生网民的理性追求，促进网络空间的理性回归，激励受教育者更好地履行社会责任，扩大正面影响等。下面，将进行具体的分析。

1. 途径日益多样化

互联网时代，信息涉及范围广泛、涉及内容丰富，通过互联网可以及时、高效地整合全球信息、获得所需资料。为此，高校的思想政治教育管理工作要表现出敢为人先、奋发有为的精神，紧随时代步伐、人无我有，不断创新教育方法、教学内容。首先，可利用网络的交互性，创新高校思想政治教育管理工作教育教学方法。高校教师可以利用社会热点、国计民生开展自由讨论。在教学过程中，通过观察、讨论及时地了解高校学生的思想状况，对于不同问题、不同病症，辨证施治，做到有的放矢，对具体问题提出针对性的建议。其次，可利用网络的虚拟性，创新高校思想政治教育管理工作者与学生相处的方式。传统的教育教学方法，让高校教师仅仅局限于三尺讲台，与高校学生增加了隔阂、产生了距离，不利于了解高校学生的真实想法。如今微信、微博等新型社交平台的出现，让学生可以匿名发表自己的意见建议，为高校教师提供了新的平台去了解学生的所思所想。最后，可利用网络的丰富性，创新高校思想政治教育工作的教学内容。可以通过影视资料让高校学生了解历史，了解思想政治教育管理工作的内容；可以通过增加动态图、图文资料等方式调动学生学习的积极性。

此外信息化环境下的高校思政课教学工作者要逐步开始尝试采用现代化教学技术实行多元化的教学手段改革，如多媒体课件教学、移动媒体平台终端教学等。多媒体课件教学，在思政课课堂内时可以以自编自创的讲义为蓝本，通过利用互联网网络教学的丰富资源，包括最新的发展形势、图片和案例等丰富的音像资料，来充实理论性知识、抽象的概念和乏味的资料以丰富思政课教学的内容。根据教学目的，把教学内容所波及的事物以形声统一、试听并用的形式形象地展示出来。

2. 资源越来越丰富

计算机网络时代改变了传统的传播方式，四大传统媒体与现代互联网交融，形成了崭新的信息交互平台。互联网传播不受时间地点的限制，可以实时更新、实地传播，具有便捷性与广泛性，使高校学生的学习内容不用拘泥于学校课程，学习地点不局限于学校。通过计算机互联网可以实时了解到国内外时事、了解到社会人情。思想政治教育工作者在接收先进的思想熏陶、正确的价值指引的时候，也可以将自己的所思所想及时的传递，在潜移默化教育教学的同时，给予其他教育工作者新的思想碰撞，引导其正确的价值取向。所以思想政治教育工作者既需要把传统的教育教学方法发挥到极致，也需要融入现代计算机互联网技术，增强思想政治教育管理工作的时效性。

计算机网络时代，信息的传播由高校教师对学生的填鸭式的单向传播向全方位的立体传播转变。高校的思想政治教育管理工作者，在理解互联网时代的要求、利弊后，可以建立学校思想政治教育公开平台、建立意见反馈匿名邮箱、开通校园思想政治教育微博，迎合时代趋势，改变传统信息传播方式。

与此同时，由于网络具有虚拟性，高校学生可以无压力加入，提升其参与的积极性。网络时代都有表达自我诉求跟搜索所需信息的权利，通过网络与传播者有问有答，增加了搜索信息与发布信息的趣味性，增强了高校学生的参与意识。高校应该充分利用网络改变传统思想政治教育管理工作的教育方式，以学生为主体，不断提升学生的主动性和创造性。同时，高校需要明确思想政治教育管理工作的目的是什么？是提升学生的思想道德修养。学校应充分应用网络将教育的主观愿望与学生的客观实际相结合，影响学生的主观意志，进而使学生生成有利于社会主义文明建设的行为。学生广泛的参与互联网时代的思想政治教育管理工作，增强了其自主性，更容易使学生道德内化，以严格的道德标准要求自己。

3. 提供了大数据的优势

信息技术带来了大数据时代，在大数据的支持下，要想推动高校思想政治教育工作更好地开展，就要重视网络教学资源的整合与利用，充分借助大数据优势，不断收集、整理有利于高校思想政治教育的资源，从而优化思想政治教育的形式与内容，增强高校思想政治教育的效果。

随着互联网信息科技的不断发展，大数据技术的应用范围逐渐扩大，并获得了很好的成效。高校在开展一系列思想政治教育工作时，面对当前思想政治教育的实际情况与现状，要强化对大数据时代下网络教育资源的整合，将网络中更加先进、有趣且丰富的思想政治教育案例融入思想政治教育的内容与活动中，更易于增强教学的实效性与趣味性。与此同时，很多高校应对于其组织的思想政治教育教学课程资源的整合予以充分关注与重视。

在信息时代，尽管网络中有着丰富的信息与资源，但其都有一定的时效性。高校教师在整合网络思想政治教育资源时，要重视网络教育资源的时效，对那些过时或者没有利用价值的信息要及时更新或者替代，将更具思想政治教育价值的信息丰富到高校思想政治教育的课程当中，提升思想政治教育内容的时效性与科学性。与此同时，加强对信息资源的筛选与辨别。高校教师要对网络中一些色情、暴力等不良信息进行有效筛选与规避，将一些积极、正向的信息应用到思想政治教育内容当中。并且，定期对信息进行更新与监督，一旦有不良思潮或者信息资源存在，要立即进行清除与删除。此外，高校教师也要重视对学生正确价值观的引导，教会学生辨别优劣教学资源或者信息，并使其学会抵制和排除错误的网络观念和思想，帮助学生树立积极、正确的价值理念与道德观念，促使他们更好地发展。

由此可见，面对不断发展的大数据时代，高校在培养优秀人才时，要重视思想政治教育工作的全面开展。高校在进行思想政治教育过程中会遇到教育内容匮乏、教育方式单一、教育模式落后等问题，这就要求高校教师要借助大数据技术，充分挖掘与利用网络中优势资源与信息，强化对信息的筛选、辨别、整合与利用，将其丰富到现有的思想政治教育内容中，从思想、行为、道德品质等方面对学生实施教育，引导高等学生树立正确的价值理念与道德素养。

4. 新方法层出不穷

在网络的熏陶下，多数学生都有了自己的想法，在增强学生自主意识的同时也产生新的问题，如网络资源丰富、实用信息选取困难，对网络产生依赖，学习质量下降等。学校在充分利用网络优点的同时，要积极的思考此类问题出现的原因及解决的方案，这样既可以拉近与学生的距离、抓住其切实需求，又可以为思想政治教育提供新的方法。

传统的思想政治教育活动主要是通过歌唱比赛、演讲比赛、辩论比赛等文学、艺术的形式加以表现。网络信息时代使得这种单一的表现形式得到了丰富。随着微博、微信等自媒体的兴起，身边每个人都可以将信息发布，每个人都可以表露自己心声、坦诚自己想法。高校学生可以发表自己关于某个社会热点问题的看法，而其他的同学可以质疑、可以支持，同时还可以一起在互联网讨论。高校可以开展一个人气王、评论王大赛，对于人气高的、有教育意义的博主给予奖励，调动学生参与的积极性，用这种潜移默化的方式教育学生。

（二）信息技术带来的挑战

信息技术为高校的思想政治工作提供了新的途径与方法的同时，也因其开放性、匿名性和平等性等特征为思想政治教育工作的开展带来了一些不利影响。

1. 冲击教育管理工作者的地位

网络信息具有及时性的特征，但思想政治教育管理工作者往往会认为思想政治教育管理工作方式固定、内容稳定。理论具有社会实践性，之所以成为国家建设的基础理论是因为它可以跟随时代脚步、共同进步。高校的老师应当打破这种思想僵局，不断更新理论，适应时代发展。在课余时间多关注当代学生所思所想，用他们的视角、他们的语言去审视问题。理论来源于学生生活并服务于学生生活。

同时，角色转换不适应也是一个问题。"互联网+"为教育主客体平等关系的塑造创造了条件，但也给教育者带来了巨大挑战。一方面，高校教师的权威性面临挑战。高校教师在传统教学时代可以提前备课、提前掌握资料的情况受到挑战，而在互联网时代，教师与学生都会实时接受信息。大学生已经成年，他们往往对突发事件有浓厚的兴趣，喜欢在网上关注其最新动态，获取了一手的讯息后又往往表现出不满足的态度，于是，他们会在现实空间里与舍友、同学等探讨、交流、沟通、碰撞，对突发事件、热点新闻等形成较深入的认识，引发其更深刻的思考和疑问，并在此基础上再向老师发问渴望得到老师的专业解答。这种积极探索的学习导致高校思政课高校教师的权威在一定程度上减弱，高校教师的知识架构和应急能力受到较大挑战。

而且，相关工作者的工作压力可能会增大。互联网时代的高校思想政治教育，早已突破了固有的45分钟界限，而变成了全天候的思想回应、解惑释疑。高校教师的工作变得更加细化和复杂。在备课内容上，传统课堂时代，高校教师的备课主要是备知识，而互联网时代备课除了备知识，高校教师还需要投入更多的精力去预测和前瞻各种可能，还要随时随地在网上和网下解答大学生的困惑。如果一味地不去关注和理睬，任由其滞延，可能会带来严重的后果。这样，就会占用老师大量的精力。在教学手段上，高校教师要及时地掌握各种最新的功能并有效利用，这也是对高校教师的巨大考验。以最近疫情防控期间的线上上课为例，高校教师要提前建立微信群、QQ群等和学生形成互动，还要在钉钉、腾讯会议、腾讯课堂、雨课堂、超星学习通等一些平台建构课程，这对老教师的用网能力是一种考验。

2. 冲击传统思政教育方法

传统的教育方式主要以老师的说教为主诉，学生与老师交流困难。网络的出现就拓展了学生的知识面。由于网络具有共享性，老师在课堂分享某条信息的时候，学生可能更能了解事情的原委始末，比老师更有话语权，可能会使教育教学无新颖，引起学生反感。

高校学生处于青春期，对新鲜事物的好奇是这个年龄段该有特征。高校的思想政治教育管理工作要时刻保持新鲜，多与时政新闻挂钩、多与热点事件联系，保持授课内容的新鲜、新颖，使学生自发产生学习的兴趣与冲动。为此，保持思想政治教育管理工作内容的新颖性，成为多数高校教育工作者所要讨论的重要课题。

3. 思政育人的内容和环境复杂化

信息技术和网络改变了高校学生的思考方式与行为方式，当他们在现实生活中遇到问题与挑战的时候，部分高校学生会选择沉溺网络来逃避现实。长此以往，会导致人际沟通越来越少，甚至走向自闭。网络仅仅是一个工具，是使我们更好地与人交流的平台，不能因为自己的自我管控能力低导致本末倒置。思想政治教育是双向的，教育者与学生要互动起来，经过思想的碰撞，才可使思想政治教育取得丰硕成果，并运用于实际形成良性循环。如果学生一味沉溺网络，厌倦人生，不仅对自己人生的不负责，更会增加思想政治教育管理工作的难度。

十八大以来，习近平总书记多次谈及互联网的重要性。2015年12月16日，习近平总书记在浙江省乌镇视察"互联网之光"博览会时指出：互联网作为二十世纪最具影响力的发明之一，一方面对诸多领域的创新发展起到强劲的牵引效应，于各行业创新发展是重要历史机遇；同时也给人类生产生活造成诸多深刻变化。同日，在浙江省乌镇举行的"第二届世界互联网大会"的开幕式上，习近平总书记在主旨演讲中说，"十三五"阶段，我国将全力实施"互联网+"行动计划，促成互联网与经济社会各方面深度融合发展。习近平总书记关于互联网发展的重要思想，尤其是关于"十三五"时期大力实施"互联网+"行动计划的重要论述，成为推动互联网与经济社会各方面深度融合发展的重要指引思想。在这样的背景下，我国高校意识形态教育也探索实践了"互联网+"教育。

但事实上"互联网+"教育作为一种伴随着互联网发展而出现的新教育模式并未改变教育的本质，它只是教育模式的革新。这种革新，一方面，随之而来的是其作为新生事物对教育发展所具有的积极效应，同时，问题也纷至沓来。总的来说，"互联网+"教育对我国高校意识形态教育的挑战，以及本身可能带来的问题，具体如下。

第一，传统课堂转型出现阶段性"真空期"。教育模式的革新和转型发展，使得高校意识形态教育的相关参与主体会出现转型期特有的无所适从。那么，在这个无所适从期，教育能否高效开展得打上问号。

第二，围绕传统课堂打造的一整套教育服务、管理系统意味着逐渐失去市场，而新的适配"互联网+"教育模式的服务管理系统的建立及完善尚需时日，这也会引发教育能否正常开展的问题。

第三，"互联网+"教育对高校教师提出的要求，与高校教师已有的根深蒂固的教育模式与能力不匹配之间的矛盾。无论教育模式如何更新，高校教师都始终承担着对知识的系统传授、教育模式和方法的践行的主体角色，但事实上，"互联网+"教育模式作为一种新的教育模式，它的推行会不可避免地遇到这样的阻力。从已有的专职高校教师配备来看，35岁及以上年龄的高校教师仍然是公共思想政治教育课的主力军，他们在公共思想政治教育课的课堂上经过很多次的教育实践，在心里已经形成一整套关于传统课堂教学的经验。且这种经验作为其执教生涯的专研累积，被其认为是有效可行的。这样，部分高校教师便会对"互联网+"教育存在抵触心理，在教学中坚持自己在传统课堂里累积起来的那一套教学开展方法，就算是迫于改革压力，他们仍然会只是在形式上做一下践行互联网+教育的样子。另一种情况是，"互联网+"教育具有一定的技能要求，从课件制作到课程讲授，都需要掌握相应的互联网、App、终端操作技能。而这些要求对于部分年龄较大的高校教师来说，由于他们在适学年龄段对这些技能学习的缺失（那时候是根本没有"互联网+"），导致他们不能胜任"互联网+"教育的相关技能要求，这无疑会影响教育的有序、有效开展。

第四，"互联网+"教育所造成的知识碎片化问题及对学生自觉性的考验。以慕课为例，慕课录制通常围绕某个知识点并脱离特有的教学场域进行，如此一来，系统的教育知识点就被慕课小视屏分割为支离破碎的点。这一过程中学生是脱离高校教师的有效监督的，那么，学生会认真去学习每一个视频吗？从实际来看，部分学生自制力差、自觉性不够，在这种可自由支配的时间里都会去做一些自己喜欢的事情，譬如上网、沉迷游戏，还有部分同学则分心从事其他事情，这样，连一些自觉学习的学生也会受到这种不良风气的影响，可见，这样的教育并不能达到教育目标。

同时，"互联网+"背景下高校意识形态教育安全存在威胁，即与互联网捆绑在一起进入高校，进而对高校意识形态教育安全造成外部冲击，包括"一是西方价值观念的渗透：西方大国垄断话语权，消解政治认同；西方通过各种思潮传播冲击主流意识形态；二是网络文化的挑战：网络文化产品入侵，侵蚀国家主流文化；网络偶像崇拜主义盛行，影响价值选择与判断；网络流行语、网络表情包疯传，淡化核心价值观念；三是舆论负能量的冲击：舆论谣言的扩散，动摇政治信仰；舆论暴力的产生，削弱共同思想政治基础。"从实际来看，这些综合因素使我国一部分人具有工具人属性，打着学术自由的幌子，成为西方意识形态价值观的传播者，他们的言论由于具有一定的关注度，必然会产生一些消极影响。

4. 学生主体方面的变化

（1）道德观念薄弱

现实生活中，大学生受到道德和法律规范的制约，会自觉控制自己的言行，但网络上的交流主要是通过代号进行的，交流主体的身份具有隐匿的特点，削弱了道德和法律对大学生言行举止的约束。由于大学生的自我约束力较差、道德自律意识不强及网络本身的弱规范性，产生了一些道德失范现象。有些大学生在网上呈现出和现实中截然相反的两副面孔，借助网络工具发泄不满、消除责任、摆脱约束，在网上粗言粗语、言论偏激、放纵不羁；有些大学生扮演起"键盘侠"的角色，总是认为无须对网上的言论承担责任，传播谣言、煽动民众；甚至有些大学生凭借自己的专业技能，将传播色情信息、侵犯知识产权、盗用账号密码、制传网络病毒和黑客骚扰破坏等当作对自我智力的一种挑战。这就呼唤大学生要提高自律性，以维系网络空间的正常秩序。要求他们增强慎辨、慎诚、慎微、慎隐、慎言行的能力，达到儒家所提倡的以高度自律为本质特征的"慎独"境界。

（2）心理问题加深

一方面，部分青年大学生每天花大量时间沉迷网络，热衷"人机交往"，而疏远现实的社交活动，甚至有一些大学生将网络作为其精神寄托，沉溺于网络社交而排斥正常的人际交往活动，造成其现实人际交往障碍。长期的心理空间封闭最终会导致其处理人际关系的能力退化，变得冷漠、性格脾气孤僻、意志萎靡消沉。特别是有些性格内向的大学生，在现实生活中不善沟通故，而将其对人际交往的需求转嫁到互联网中，容易被不法分子利用，陷入网络诈骗、传销、色情等网络犯罪中，极大伤害身心健康。另一方面，由于政府、学校等对网络监管不到位，使虚假恶俗、粗制滥造的信息充斥在网络空间，加大了大学生对有价值信息的筛选困难。尤其是大学生的世界观、人生观、价值观还未成熟，理性思考能力、客观评价能力、价值选择能力和自我控制能力不强，面对繁杂的信息，往往不知所措、迷茫困惑，易产生心理焦虑。特别是面对网上不良信息的轮番冲击，如果不加以及时疏导，会造成非常严重的后果。

（3）过度沉迷网络

网络的触角已深入大学生的生活、学习、文娱、交友、求职等方方面面。在实际应用中，大部分大学生并没有充分发挥网络的学习属性，而更多的是利用网络进行休闲娱乐，具有明显的娱乐化倾向。世界观、人生观、价值观尚未完全成熟、稳定的大学生，特别容易被网络的自由性和放纵性吸引。多数大学生网络行为管理能力较差，遨游网络空间，缺乏时间观念，甚至有些大学生沉迷网络不能自拔，网络成瘾现象出现。特别是伴随着移动费用的降低和手机上网的普及，一批大学生机不离手，成为"低头族"，出现了人被网络奴役的"异化"现象。

5. 新媒体教学带来的震荡

传统高校意识形态教育，主要是通过"第一课堂"与"第二课堂"相结合的线下方式展开，这种方式具有单向性、具象化、封闭性、权威性特征。单向性即教学过程的单向度开展，高校教师把控教学过程，从源头上确保教育内容的"正确性"，而学生只是接受高校教师的教授而充当"学"的角色；具象化是指教学过程的开展是在具体的场所和时间内，师生共处于同一场域，在这样的教学环境中，高校教师能够适时对学生起到监督作用，促使教学活动有序开展；封闭性是指由于是线下教育，其很少受到来自课堂以外的消极因素的影响，进而能够保证学生对教育知识的极高认同度；权威性是指由于线下教育师生同处一个教学环境中，高校教师对教学过程所发挥的主导性形成了威信，基于这种威信，高校教师通常能够对教学开展和教学效果实现做到游刃有余。基于传统高校意识形态教育的这几个特征的分析，能够清晰地发现：在传统高校意识形态教育过程中，由于单向性、具象化、封闭性、权威性等特征的共同使然，使得高校意识形态教育最大限度地规避了课堂外消极因素的影响，同时使得课堂更易于把控。这些都有利于教学的有序开展和目标的达成。

然而在新时期，随着互联网的发展，新媒体化正在成为高校意识形态教育的发展趋势，新媒体由于其具有的双向性、抽象化、渗透性特征，挑战着传统高校意识形态教育所具有的单向性、具象化、封闭性、权威性特征，使得传统高校意识形态教育对新媒体教学模式出现不适应的情况，这种不适应表现为新媒体教学模式对传统高校意识形态教育所造成的冲击和挑战。比如，新媒体平台由于言论发表过于自由、存在监管漏洞及一些不法分子存在等原因，充斥着片面、狭隘，以及歪曲违背事实的言论和观点，诱使青年学生在其思想意识及信仰快速形成时期误入歧途。对于新媒体带来的挑战，我们可以从以下几个方面来具体分析。

第一，新媒体的传播机制所构成的高校主流意识形态话语权分散。在传统高校意识形态教育下，相关部门、专职高校教师牢牢掌控意识形态教育主导权，且相对封闭的教学环境保证了相关部门，以及专职高校教师对主流意识形态教育的话语权，但新媒体的传播机制改变了这种现状。新媒体的各种终端与社会甚至"域外"相连，一方面，打破了原有的封闭环境，另一方面，通过网络及各种终端，其他非主流意识形态、域外意识形态、思潮进入学生的视野，使原本单一的教学内容变得"多元化"。这不仅加大了教育的难度，同时，异质性教育内容的影响，也分散了高校主流意识形态教育的话语权，而有效的应对策略显然尚需时日。

第二，新媒体的互动性、抽象化对传统高校意识形态教育封闭性的挑战。新媒体下，通过微信、QQ、微博、各种浏览器等App工具，改变了传统教育单向、封闭、具象的特征，变为互动、抽象，教学不再局限于特定的时间和场域，师生不用面对面且可以实现同时互动，实现了对学生身份的解放。而在新媒体教育下，教育的可控性明显减小。内容上，教育受到多种意识形态、思潮、理论的冲击；关系上，传统课堂的师生关系及特征遭到破坏；教学效果上，由原本的可控趋向于难以控制。

第三，微视频内涵的低俗性。如今微视频红到大江南北，无论你身处何方，都能看到各种微视频。快节奏的时代，人们更喜欢那短短十几秒"搞笑"的视频。但这种"搞笑"正在逐渐侵蚀人们的思想，尤其是大学生的思想。这些视频绝大部分没有任何的营养，纯粹以傻来博人一笑，这种风气如果不加以制止，会使大学生的价值观产生畸变，误认为此类行为才是潮流。同时，如果整天沉迷于这种低俗视频，整天活在这样的氛围里，何谈爱国。

第四，大学生本身易被错误诱导。尽管新时代下青年大学生在法律范畴上已具有独立的民事行为能力，但青年大学生群体还未踏入社会，认知能力和识别能力并未完全成熟，其人生观和价值观较易受到不同言论的冲击。在面对新媒体中真伪难辨的言论时，新时代大学生由于未接触过复杂的社会和未形成坚定良好的价值观，以及缺乏辩证的思考能力，无法理性地思考和分辨信息的可靠性。这造成部分青年大学生思想容易被诱导，导致形成扭曲的爱国主义思想甚至是极端恶劣的卖国主义意识。另外，极端爱国主义和民粹主义的行为会破坏社会稳定。

第五，新媒体无孔不入的渗透性对传统高校意识形态教育安全提出了新要求。面对新媒体模式下无孔不入的渗透和影响，高校意识形态教育应该如何筑牢安全防护墙，将直接关系意识形态教育能否顺利开展及教育目标的达成。很显然，传统高校意识形态教育加强主流意识形态教育的方法，在新媒体模式下虽然仍具有重要作用，但除此之外，更应该从源头上把控安全，即从加强新媒体的管理和使用入手，把好源头的关，杜绝污染源，只有这样，其他的努力才具有现实意义。然而，建立健全对新媒体的长效管理机制是一个过程，需要不断探索和完善。

第六，新媒体的开放共享隐蔽性。随着信息技术革命和新型工业化进程的推进，手机等智能终端设备逐渐普及全民。当下，只需要一个智能终端连接互联网，就可以随时随地登录媒体随意发布信息。而且大部分社交平台等新媒体都具有匿名分享和发表言论的功能，即新媒体隐匿性。这一特性极大地降低了新媒体平台使用者发表言论的现实成本和心理成本，造成其传播和发表有关爱国主义信息、讲述国家和民族历史存在或大或小地歪曲事实的现象。此外，一部分极端激进爱国主义、民粹主义的言论同样在抖音、微信公众号等新媒体平台大行其道。这一问题与国家对新媒体及其平台使用者行为规范的法律法规有所缺失、监管治理的现实困难有关。因此，基于新媒体的隐蔽性、监管和治理的现实难度，以及相关法律法规的缺失等原因，导致新媒体平台的网民发布虚假信息所需承担的心理成本和法律成本很低，阻碍了新时代高校青年爱国主义教育的积极发展。

如上所述，传统教育模式不能适应或者匹配新媒体教育模式的冲击和挑战。或者这样说，在这一教育模式的转型期，所带来的问题也成为当前高校意识形态教育存在问题的重要原因，只有有针对性地解决转型期存在的问题和挑战，才能保证高校意识形态教育的顺利开展。

6. 大数据的运用存在问题

近些年，在网络科技快速发展的大环境下，大数据的应用价值愈发凸显出来。在高等思想政治教育工作中，重视并强化网络教学资源的整合，能够更好地丰富高等思政教育内容。同时，加强网络思想政治教育资源的筛选、挖掘与整合，有利于创新思想政治教育新模式、新方法与新路径，增强高校思想政治教育的品质与水平。此外，借助大数据技术进行网络教学资源共享平台的建立与完善，能为高等学生提供更多机会和空间去学习与探究思想政治教育知识、掌握国家的时事政治与要点，培养与塑造高校学生良好的道德素养与思想政治教育品质。

但在当前，很多高校在开展思想政治教育活动时，由于教育思维与模式的单一与传统，没有对大数据应用予以充分重视，对于网络教育资源缺乏必要的挖掘与整合。而思想政治教育的内容与形式过于单一和乏味，使得高校思想政治教育效果并不理想。在高校传统的思想政治教育工作中，很多高校教师的教育思路与模式比较单一与传统，过分重视机械化教育理念与模式的应用，学生的能动性与学习、探索知识的积极性不易被调动起来，使得学生缺乏一定的动力与激情去学习与探究知识，影响了思想政治教育水平的提升。同时，一些高校教师的思想政治教育模式也比较机械化，缺乏灵活驾驭信息技术、大数据技术来辅助思想政治教育的意识与能力；很多高校也没有重视对高校教师展开针对性的培训活动，不利于提升高校思想政治教育教师的思想政治教育育人水平，制约了高校思想政治教育教学工作地开展。

此外，在高校思想政治教育环节中，很多高校教师没有对网络教育资源的整合予以充分关注与重视，对互联网教学技术的应用也缺乏一定的主动性与创造性，使高校思想政治教育内容缺乏色彩与灵性，影响了思想政治教育工作的高效开展与进行。并且，一些高校教师教学思路古板、理念单一，对网络教育的挖掘与整合缺乏一定认知，对大数据时代缺乏一定了解，对网络中丰富的思想政治教育资源也缺乏很高的认可度与利用率，导致网络教育资源整合度不高。此外，虽然网络教育资源非常丰富，但高校教师在挖掘与整合网络思想政治教育资源时，缺乏一定的针对性与全面性，导致很多教育资源整合的深度不够、程度不高，没有更好、更完善地辅助高校思想政治教育工作进行。

在大数据时代中，由于数据资源巨大、内容丰富，如果单纯应用普通的数据挖掘、获取与整合软件或者技术，就会使效率较为低下。而且，在挖掘网络教育资源的同时会有一些暴力、色情及迷信等负面信息或者资料存在，对高校学生的思维产生不良影响，也不利于高校学生正确价值观的树立。而很多高校教师在资源整合过程中会有一些不良信息没有及时、准确地筛选出来，容易给思政教育增加难度。因此，加强高校教师对资源的精准筛选与整合，能够推动思想政治教育工作更好地进行。

（三）信息时代下思政教学方法的创新

网络的兴起催生了时代的进步，推翻了之前的一些旧思想、旧制度、旧模式，要求我们用新的思维去运作，在多媒体、网络工具等方面进行改进，其具体方法如下。

第一，要对媒体的观念进行更新。网络的发展也促进了媒体的发展，其运作方式、方法都会不定期地进行更新和改变，这样就会导致思想政治教育工作也会发生很多变化。例如当今学生常用的微博、微信等，都是利用新媒体的特点发展而来的。而思想政治教育的发展也正是利用了这些媒介，传播教育思想和政治理论，不断地革新教育观念，极大地推动、更新了高等学校的思想政治教育管理工作观念。为与时俱进、与时代同行、与科技接轨的思想政治教育做出了很大的贡献。

第二，要站在新媒体创新思路上，要适应时代发展的进程，继续推进实施创新精神。传统的思想政治教育方式都是思想政治教育工作者对学生进行直观的教育，侧重点单一，不能使学生完全接受。如今的科技时代，学生的信息获取量变得更多了，尤其是通过网络工具更能够获取更多的信息。所以思想政治教育工作者应该主动学习网络知识，学会运用网络与学生沟通交流，这样更容易走进他们的内心，与学生心贴心地交流，更利于思想政治教育工作的开展。

比如说，微课是当下我国高校运用最多又推广最快的一种新型思政课教学方式。微课以短小精悍的"微视频"为载体形式，是"互联网+"教育的优秀成果，有利于解决传统教学方式的突出问题，为"互联网+"高校思想政治教育带来良好效果。微课一般时长5~8分钟，它的主题性更强，比文字阅读更立体更生动。在微课教学实践中，高校思想政治理论课高校教师经历了一个由重知识讲解到重情境体验的转变。情境微课将教学中的知识重点和难点镶嵌于特定的任务或场景中，并运用多媒体技术制作出精致的小视频或小动画，建立微课资源。情境微课形象生动，可以将抽象、枯燥的思政理论化杂为精、化繁为简、化粗为细，变得易学易懂。同时，微课符合大学生移动化学习、碎片化学习、个性化学习的口味，契合大学生的学习心理、教育期待和接受愿望，方便大学生利用碎片时间自我"充电"，避免了长时间集中学习带来的学习厌倦，故能得到"00后"大学生的普遍喜爱。同时，与大型慕课相比，微课的制作时间短，成本低，在高校推广和应用也更加容易。高校要积极推广和宣传情境微课教学模式，鼓励思政课高校教师将微课应用于教学实践中，更大地激发学生学习兴趣，提升教育教学实效。微课教学要坚持实事求是的方法，避免短时炒作和形式主义，要以解决大学生的思想困惑为出发点和落脚点，以提高思政课的教学效果为目标。同时，微课教学要坚持优质性原则。对于情境微课绝不是换了个新颖的包装，也不是简单地录制视频片段，情境微课确立什么主题，选取什么素材，制作多久的视频，采用什么辅助资料，如何科学评价反馈等环节都要考虑到，也都必须优化。这样才能真正起到调动大学生的学习热情的目的，实现良好的育人效果。

第三，对多媒体的方法进行创新。各种多媒体的聚合构成了网络这个大家庭，高等学校的思想政治教育管理方法应该与网络特点相结合，依据具体情况进行有价值、有意义的创新。使用宣传材料、校园电视广播、音频、视频等传播方式，有目的地对思想政治教育工作进行创新，切合学生的喜好进行传播，发展大众文化教育。

第四，要加固网上理性爱国主义教育阵地。进入新时代以后，互联网发展愈来愈快。新媒体逐渐成为青年大学生之间，以及其与群体外其他主体交流互动以及共享信息的主要平台。大学生群体使用智能移动终端浏览新媒体的时间在其娱乐休息时间中的比重持续增加，这一现实为高校运用新媒体平台培养青年大学生具备爱国主义精神提供了适宜性土壤。当前为适应网络形势的变化，必须构建新媒体爱国主义教育宣传阵地，纠正极端、错误爱国主义和批判一切卖国行为。党政宣传、教育及网络监督管理等部门，应根据大学生实际需要及其成长规律推动高校宣扬以爱国主义为核心的民族精神。一般通过搭建相应主题板块的网站平台、传播爱国主义的短视频及公众号推文等丰富形式，传播国家历史中具有爱国主义精神的英雄故事，使爱国主义思想在高校青年群体扩散并根植于内心思想深处。

第五，培育中国特色社会主义优质教育土壤。在思政教育的宣传手段和方式上，紧跟时代步伐。既要把握住基础知识的教学方式，还应借助信息时代的机遇，营造校园新时代的氛围，比如营造爱国主义教育学习气氛，激发青年学生校园大讨论。首先，凸显网络思想政治教育在高校教育体系的必要性，充分利用有效的新媒体作为联通思想教育主体与客体互动的纽带。比如说，爱国主义教育是思想政治教育的重要支撑构成部分，搭建爱国主义教育网络新平台对提升思想政治教育的实效性有非凡意义。建设以爱国主义为核心的民族精神高地，高校相关部门应发挥部门职能，通过各类符合社会主义核心价值观且具创新吸引力的实用新媒体，适应高校青年大学生的现实需要并贴合其心理演变和群体分布规律，推动爱国主义教育简单化、日常化、差异化及共识化。其次，高校教师需在课堂思政上下功夫，讲解历史故事，以历史人物的所作所为和爱国情怀为线索，使学生具有深刻的历史映射，感受英雄的"平凡"与"不平凡"。最后，理论结合实践提高学生的思想素养，开展内容丰富、形式多样、主题鲜明的爱国主义实践教育活动。学生支部积极发挥战斗堡垒作用，号召和引领广大党、团员等青年，回顾爱国主义经典、组织爱国主义纪录片和电影的免费放映，以及引导实地考察爱国主义教育实践基地，促使青年学生理解爱国主义事件中人物内心深层次的情绪以便感悟爱国主义精神。利用学生喜闻乐见的方式，举办团学活动，促使青年大学生剖析历史事件中爱国英雄的精神并感悟爱国主义精神的本质内容。总之，通过符合社会主义核心价值观的教育方法和实践方式迎合不同青年大学生的需要，为高校思政教育提供强有力的感召力和实效性。这样新媒体就和多种教学结合到了一起。

1. 用新媒体鼓励思想政治教育管理工作创新

新媒体依靠信息技术和数字资本的推动，凭借互动性、及时性、开放性及共享性的特点逐渐成为当前人们交流互动、意识碰撞及思想表达的主要平台，对新时代青年的生活方式和生产方式产生重要影响，进而形成与以往时期有所不同的思想和认知观念。新媒体承载范围的扩大虽然为培养大学生思想政治素养造成障碍，比如社交平台和网络媒体中偏激、狭隘的观点会诱导青年学生失去判断事物的理性，进一步危害到社会的和谐与进步。但新媒体也丰富了政府、学校、企业等组织对于新时代青年的宣讲和扩散方式，激发了一大批学生对高质量的思政题材作品的创作热情。针对这些情况，学校必须创新思政教育方法。

我们看到了新媒体逐渐成为大学生最主要的信息接收及观念表达的载体，其使用量的迅猛增加使高校思想政治教育面临新的考验。青年大学生正处于情感宣泄的旺盛期和价值观的形成期，在认知方面还不成熟，其思想及行为很容易受到其他因素干扰，造成大学生群体极易出现非理性的盲从甚至过激行为。这一问题解决要求大学生思政教育要做到紧跟时代，创新教育方式。通过分析当代大学生价值观、人生观形成道路的发展规律，结合新时代实际从而提出科学新颖的实现途径，培养新时代大学生服务社会、奉献国家的良好精神。

曾经有一段时间，高等学校思想政治教育日益边缘化，老师教学缺乏有效手段，照本宣科，学生学习思想政治教育只是为了应付考试，上课昏昏欲睡，学不进去。随着网络的普及和社交媒体的发展，一些高等学校也探索了通过校园微博、微信、微视、校园论坛、聊天室等多种形式进行在线思想政治教育的方法，取得了一些成效，但仍然没有改变年轻学生参与度不够、被动灌输的局面。

新媒体的影响力较强，传播内容和传播速度不受控制。对高校产生了深远的影响，尤其是对学校教育工作的展开有很大的影响，所以学校宣传部门应该引起重视。高校宣传部门应该从制度高度统一领导思政课教学，对思政课教学进行系统的要求和战略部署，并进行运用效果的检验。同时，高校辅导员是最直接与学生进行沟通的高校教师，是对学生进行思想政治教育的最后的把关人，辅导员可以合理运用新媒体与学生进行沟通。这就要确保辅导员高校教师拥有较强的思想政治教育意识和新媒体运用的技术优势，使之既可以站在专业角度，也可以把握新媒体态势；在高校学生的生活和学习等方方面面迅速融入其中，以朋友的角度答疑解惑，以观察员的身份为思政课提供素材，掌握学生动态，做新媒体运行的幕后力量，为思政课教学服务，确保思政课教学的良好运行。

新媒体带来了新的教学方法和内容，但仅仅依靠一方之力难以实现教育的整合。只有各方齐抓共建，各部门加强合作，扬长避短，充分发挥出整体大于局部的作用，同时优化内部结构，实现资源的有序互通，才能发挥新媒体应有的功效。

首先，可以组建新媒体原创团队。借助新媒体的发展，信息可以迅速地被转载交流，一些思政课高校教师由于种种原因，使思政课教学内容流于表面形式，只是对新媒体内容的借鉴参考，更有甚者对一些内容照搬照抄，学生出于无奈只能学习与自己学校或者实际不符的内容。比如在线上展开教学之时，一些高校教师通过播放他人录好的课程应付自己的教学和学生,以至于效果不是很理想。新媒体尊重原创,尊重教学内容和高校教师的辛苦付出,如果思政课高校教师独立完成新媒体教学较为困难,可以组建自己的团队,在收集教学内容、交流讲授内容、创作视频音频和新媒体的后期运营方面进行合作,使团队各负其职;尊重实际情况,将自己学校和班级及学生融入思政课教学方面,使教学内容对学生有吸引力,使思政课高校教师有创新力。经过专业的分工和加工,提高思政课程的原创性;多一些新鲜内容,拒绝一味地转载,提升新媒体的影响力。比如目前,有部分高校微信平台的协助幕后人员是高校学生,充当的是志愿者的角色。高校学生在完成课业负担的前提下,利用业余时间录制视频,拍着图片等,而平时所需的设备、服装等物力,除了相关的工作人员早期自有,另外就是来自其他同事和同学的友情赞助。要让微信平台发布的信息内容呈现时效性和新颖化,平稳、长期坚定的持续下去,学校也应该提供一定的资金,带来物力、技术上的支持。另外,如拓展交流、学习合作、学术观摩等活动也需要资金的支持,同时还需要固定的平台运营人员来提供保障。

其次,鼓励思政课教师掌握新媒体相关知识。思政课课堂的效果如何还是要靠思政课教师的教学发挥。在我们构建一支新媒体专业团队的同时,仍然需要鼓励每一堂思政课都要让老师切实地掌握与新媒体相关的知识,可以让他们在思政课堂上灵活地运用各种新媒体,与其学生之间进行信息沟通和交流,利用各种新媒体及时更新课堂内容,了解学生的需要,使得每一堂思政课都可以做到内容丰富,受到其他学生的欢迎。新媒体可以带来丰富的教学方式、新颖的内容,思政课教师尤其是年纪较长者,应鼓励其由简单的新媒体知识开始学习,逐步过渡到深入运用,真正地使思政课可以与时俱进。

需要注意的是,应该注重新媒体的舆论引导。宣传战线要加强对新媒体的舆论引导,尤其是引导新媒体上网络大咖、公众人物发表合理的言论。教育战线等要在各级学校培育爱国主义思潮,促进学生尤其是高校大学生爱祖国的山川河流。相关部门要密切关注与合理运用有效新媒体以搭建新的平台,牢牢掌控网络教育的新阵地。通过公众号、抖音等网络新平台,宣扬正确的精神,如爱国主义精神,运用青年学生喜闻乐见的方式来激发大学生的爱国情感。新媒体方面的发声一定要坚持正确的政治导向,宣扬正面的、积极的实例,从而引导大学生培养理性思想。对于网络低俗视频国家应予以重视,将其扼杀在摇篮里,给大学生的学习生活创造一个纯净的环境。

2. 用网络多媒体搭建沟通平台

在当前网络时代下的思想政治教育，是一种新兴的教育，没有历史经验可以参考，只能根据时代的特点和事物发展的规律进行推测、实验，一边探索一边总结经验。因此，建立一个思想政治教育管理平台会对思想政治教育管理工作起到促进作用，思想政治教育管理平台能够帮助思政教育工作者建立学习、沟通的空间。因此，可以通过以下几种方式来进行沟通：

一是利用当前人们常用的网络聊天工具——微信，与学生心贴心交流、交心沟通，拉近距离。

二是通过会议的方式，每个人的想法各不相同，可以对每个人的想法进行汇集，对当前面临的工作困难进行讨论，研究好下一步工作的具体方案。

三是利用一些贴吧、论坛等，开通一个专项交流论坛，每个人积极建言献策，反映问题，将工作经验、方法等共享、交流。

四是利用热门网络媒体平台及热门教育网站，如利用微信公众号平台、抖音官方公众号平台、微博官方公众号平台等热门媒体平台，发布积极向上的思想政治教育内容，在第一时间扩大思想政治教育影响范围。

3. 注重学生主体作用的发挥

促进学生的发展和维护社会的稳定是思想政治教育工作的目标，而学生是教育的主要对象，也是当今时代下重点关注的人群。因此，在教育过程中，尤其要注意学生的素质教育，计算机技术要积极地运用到教学活动中，提升网络在高校学生日常学习生活中的地位。校方应大力支持举办一些大赛，可以开展网络答题、网络知识竞赛等，在宣传网络应用的同时，也提高了学生对计算机、网络学习的积极性，引导学生不断学习、不断接触新知识，培养一批具有高素质的人才。

在学生与老师之间应当建立一个沟通的"介质"，这个"介质"就是学生党员、学生干部，让他们履行自己的职责，掌握学生的发展动向，制定相关政策、规定等，让学生都敢于反映问题、提出问题、建议。定期举办能反映学生群体状态、总结等活动，并将一些建议、文章、相关信息等编撰成报刊，充分深入学生内心，这也是思想政治教育管理的一个延伸、一种方法。目前，越来越多的学校建立了思想政治教育专题网站，依靠学生骨干、学生党员办网站、管网站，这很好地体现了学生的自我教育、自我管理、自我服务。学生骨干和学生党员管理网站的过程也是受教育的过程，是充分发挥其主观能动性，提高思想政治素质、科学文化素质及综合能力的过程。

4. 学生网络化自我教育

网络已经是大学生生活的重要组成部分，在资源平台及网络建设已经逐渐完善的情况下，大学生开展网络自我教育也是当下"互联网＋"背景下创新网络思想政治教育方法的重要策略之一。大学生自我教育成果包括学习的内容、过程、考核分数的记录及展示。互联网时代中的各色软件所拥有的即时性、记录性等特性，非常适合大学生进行网络自我教育并且进行自我教育成果的展示。

第一，在微信小程序或者思政 App 学习的内容上，可以制订内容积分形式形成好友排行榜，来激发大学生的学习积极性和激情。

第二，在网上直播课程平台进行学习过程弹幕的数据采集，并产生公开的学习过程数据，将学习过程透明化、实体化。

第三，通过网上思想政治教育平台来进行综合考核，以及受教育者对教育者评价，发挥互联网的隐匿性积极的一面。教育者在传统的考核之中经常会因为各方面的原因，对于较为熟悉的学生产生不一样的情感而造成考核分数的不公平。而在网络资源平台下的每个人都是隐匿的状态，能一定程度上提高公平性。而被教育者在对教育者进行期末评价的时候，也通常考虑到师生之间的阶级关系没有办法给出心中真实的想法与评价，但在微信平台上可以进行隐匿的评价，可以让评价结果更公平。开展大学生自教育成果网络联动活动，不断在各个环节中激发大学生学习的积极性，不管是在知识、认知层面上都可以带给大学生更多的自我认识能力，提高其思想道德素质。在思想政治教育者层面来说，可以看得到受教育者的所有学习过程及结果，让其更加的有成就感。

5. 评测及监管机制的网络化

（1）效果评测体系网络化

在当前网络时代下的思想政治教育管理有着独立的评测标准，主要是根据日常管理工作和一些数据作为评测的主要依据，而对于评估目标检验的标准就看其是否维护了社会稳定、和谐的发展。首先，考查思想政治教育管理者是否遵守职业规定、是否履行职能，在管理者职业规定中包含是否深入学生了解、是否对班级进行各项建设、是否对每位学生负责等。其次，看思想政治教育工作者有没有借助一些活动来具体实施，在此过程是否贯串了思想政治教育思想，此标准也是一项动态指标。最后，要观察思想政治教育管理者的教育成果，考查以班级为单位的班内学生干部、入党先进分子的思想状况是否符合积极向上、自强不息的精神，还要看入党的人数、受到处罚的人数，判断出一个总体趋势，这也是反应思想政治教育管理者的一个重要指标。

（2）监管机制网络化

关于思想政治教育管理工作，还有最重要的一点就是监管机制，监管机制能够表现出思想政治教育工作的合理性、科学性。思想政治教育的监管机制应当具有持久性和有效性，所以监管机制必须构建，并发挥出监管的最大活力，进行规范管理，确保高等学校思想政治教育工作顺利开展，不受其他因素管控和影响。有效的监管机制的完善和落实，也是保证教育计划顺利开展的前提。因此，当前高等学校主要通过以下四点落实有效的监管机制。

第一，要从网络技术入手，增强网络技术的监控力度，建立合理的技术体系，过滤一些不良信息，防止网络不良言论等的大量出现，不断更新技术，更新技术手段。通过对网络流量数据进出的严格监控，进行实时追踪，并及时处理，构建一个巨大的监控追踪体系。用方式及中国的法律法规，无形之中就形成了一种震慑力。提高网络技术的查处能力，能有效阻止一些不良网站的负面影响，通过正确引导，让学生走向正确的道路。

第二，推动网络道德教育的发展。网络具有虚拟性，但也需法律约束，因此，开展网络道德教育十分必要，这能够增强学生的道德观念，规范其自身的行为。俗话说，没有规矩不成方圆，网络只有用法律才能够规范人们的言论，明确不能碰触的红线，不让人们忘记网络的规则。积极开展关于网络道德教育的活动，提倡文明上网，不发表不切实际的文章，不传播淫秽色情图片，规范网络、净化网络从自身做起。通过一些投票建议、征文活动、问卷调查等方式开展有教育意义的活动，让网络环境更加健康。

第三，对网络进行普法教育，中国是一个依法治国的国家，法律是一条不可触碰的红线。因此，作为中华人民共和国的一员，应该遵守法律法规，规范言论，不散布谣言，不煽动，不发表一些不负责任的言论。国家和相关部门应加强立法，完善相关法律法规，高等学校也应对学生进行普法教育，增强其法律意识，文让其明上网。当然思想政治教育也要与法律相融合，针对在网络上的不良言论坚决予以打击，并及时的删除。

第四，对敏感的言论进行疏导。网络被各种各样的信息充斥着，所以会经常出现一些不良言论，有些还带有暴力倾向和煽动语言。在网络上，人人可以发表言论，但每个人的素质不同，看待问题的出发点不同，很容易出现一些过激的言论，即使网络管理员能够限制其发言的权限，但也很难做到监控每一个用户，但如果出现大量的反社会话题，网络就会停止和关闭。所以，网络也应当加强引导和管理，通过一些话题转移、官方回复等方式化解这些矛盾。

二、优秀传统文化与高校思政教学的融合

人根本上来说是以文化的构建和传承的载体而存在的，而人又通过对文化的利用，使自身从动物式中摆脱出来，通过自己的本性和力量去完成自己的行为。而人在不断提升自我、超越自我的过程中实现了自我创造和自我发展，成了面向未来的人。文化也是区分开人类和动物的主要途径，所以当前只有将思想政治教育的文化功能显著地发挥出来，才能够更好地促成人在各个方面的共同发展，进而体现出文化个性的必要性。文化是人类对世界进行认知的方式，也是其结果，所以说思想政治教育"做人"教育与文化对人的影响是相同的。思想政治工作从根本上说是做人的工作。发挥思想政治教育的文化功能，摆脱传统的束缚，用先进的人类文化成果灌溉人们的心灵，是以价值理性取代工具理性的方向来定义传统思想政治教育的，也实现了人类对精神生活发展的需要。

（一）中华优秀传统文化的特点

1. 统一性与多样性并存

传统文化的统一性体现在以下两方面。首先，从它自身发展历程来看，在不断变革发展及融合其他外来文化的同时，逐渐构成一整套以儒家为主流意识的思想体系。春秋战国时期，社会急剧变化，不同学派和家族流派不断涌现，出现了诸子百家相互争鸣的盛况，思想得到了极大地开放。随后，秦始皇积极推行统一战略，建立了以汉族为主体的秦朝。此后，中国开始走向统一的时代，开创了封建社会的新局面。到了汉朝，"罢黜百家、独尊儒术"的统治政策出现，至此，儒家思想开始逐渐成为中华民族的主流思想。甚至到新中国成立以后，这种不畏艰难困苦、团结一心的精神仍激励我们步步向前。其次，就其内容而言，传统文化以"儒学"为主导思想，法、道、墨、阴阳等百家争鸣。传统文化既有对天地万物的探索，又有对政治、经济和文化的考量，涉及哲学、宗教、艺术，以及人伦道德等多维角度。而这些内容在几千年的衍变和融合之后，逐渐形成了统一的文化特色。

而传统文化的多样性则体现在这几个方面：第一，传统节日的出现是我国文化不断发展的产物，从春节辞旧迎新到清明节祭祖扫墓，从端午节悼念先驱到中秋节阖家赏月，再到重阳节登高祭祖等，这些节日活动将中华儿女凝聚在一起，

成为连接各民族文化的精神桥梁；第二，中国传统建筑别具一格，装饰艺术多样。不论是连绵起伏的万里长城，还是富丽堂皇、气势恢宏的故宫，或者是幽静典雅的苏州园林，这些风格独特、技术高超的传统建筑，都是我国灿烂文化的生动体现；第三，古代文学、传统绘画书法、传统戏曲音乐，以及传统服饰等传统文艺极其丰富并且辉煌，这些都深刻体现了我国文化的多样性；第四，古代学术思想、理论观点丰富，其中一些思想观点蕴含着丰富的哲学思想，对我们每个人的价值取向和生活方式，以及中国的社会发展都有深刻的影响，在今天仍然具有很高的教育价值。

2. 继承性和创新性并存

传统文化的继承性也同样继承了多样性的这几个方面。其中，继承传统习俗是主要形式，继承传统文艺也是其中的重要部分。尽管在某个时期传统文化有过短暂的停滞，但中国仍然是文化史上唯一未曾中断的文明古国。它在时代衍变过程中保留了其基本特色，它又能够依据时代变迁随事而制，不断填充新的具体内涵。21世纪的今天，中国的传统文化内涵与精神实质仍然流淌在我们中华儿女的血脉中，依然是当今中华儿女行为方式和生活习惯的指导思想。

中国的传统文化之所以没有在历史变革当中被消亡，最重要的原因就是它能够依据时代变革，不断推陈出新、创新发展。在汲取前人智慧的基础上又不断创新，结合时代需求进而形成新的理论体系，如此循环往复，逐渐形成并发展成熟。此外，它能够积极汲取各民族及其他国家地区的优秀文化，在交流发展中不断包容、融合，进而达到其创新发展的目标。

3. 独立性与通融性并存

独立性主要是指传统文化由中华民族为主体创立，并逐渐发展成为我国独特的文化体系。中国独特的方块汉字及语音系统、以藏象学说为核心的中医药理论体系、风格独特的戏曲音乐、诗情画意的中国书画等，都是中国传统文化的典型代表。但它对于外来文化具有强大的通融性和批判性。对待外来文化，我们秉持"洋为中用"的原则，在批判的基础上加以继承。源于古印度的佛教于公元前1世纪前后传入中国本土，于隋唐进入繁荣鼎盛时期，后与"儒教""道教"三教鼎立，呈现出宗派林立的景象。正是这种强大的通融性和理性的批判继承，使其能够在世界文化中发挥其主体性地位，在现代社会中充满时代活力，增强我国在当今世界中文化软实力的竞争。

(二)中华传统文化的主要内涵

1. 舍生取义的爱国情怀

爱国主义是"中国梦"的基石。要想实现我们中华儿女的"中国梦",就必须培养学生形成强烈的爱国精神。众所周知,我国历史上众多的仁人志士,为了祖国的统一与安危,甚至牺牲了自己的性命。儒家思想是我国传统文化的代表性思想,强调只有不断完善自己的行为规范、提高自身修养,才能经营好自己的家庭、治理好国家,使得天下太平。不论是在古代封建社会还是战争年代,甚至是在今天这样的和平年代,都不乏一批又一批为了祖国统一和国家安危默默奉献付出,甚至在关键时刻英勇献身的中华儿女。在近代历史发展过程中,许多仁人志士为了祖国统一,同仇敌忾、抵御外敌。他们在敌人面前矢志不渝、永不低头。邱少云宁愿在火堆中独自承受痛苦,也绝不出卖战友,最终光荣牺牲。正是这种视死如归、无私奉献的爱国精神,激励着我们一代又一代中华儿女不畏艰险、在敌人面前誓死捍卫民族尊严。"爱国"不应该仅仅是一句口号,更应该是一份责任与担当。因此,培养学生的爱国精神是高校思政教育的主要内容,要从传统文化中汲取其积极思想内涵,塑造经典形象为他们树立良好榜样,从而培养他们浓烈的爱国精神和勇挑重担的精神。

2. 自强不息的民族精神

"天行健,君子以自强不息;地势坤,君子以厚德载物。"这是对自古以来从不向困难低头的中华儿女最高度的概括。纵观中国古代传奇历史,英雄豪杰不胜枚举。

司马迁在《报任安书》中说:"盖西伯拘而演《周易》;仲尼厄而作《春秋》;屈原放逐,乃赋《离骚》;左丘失明,厥有《国语》;孙子膑脚,《兵法》修列;不韦迁蜀,世传《吕览》;韩非囚秦,《说难》《孤愤》;《诗》三百篇,大氐贤圣发愤之所为作也。"[①]这段话不仅表明了古人遭遇不幸时发愤而作,同时也表达了司马迁自身遭受宫刑之后,仍写下了《史记》的坚强意志。这种发奋图强的精神经过代代相传,早已内化为中华儿女不竭的精神动力,激励我们奋勇前行。因此,作为祖国未来栋梁的社会主义新青年,在任何时候都必须传承这种精神。在平时的教育中潜移默化地将这种精神灌输到学生的思想中,培养他们独立自主、自强不息的健全人格,激励广大学生为祖国的繁荣昌盛而奋斗终身,这样我们伟大的中华民族才能长久地屹立于世界的东方。

---

① 引自司马迁《报任安书》.

3. 天人合一的生活智慧

现阶段，我国的主要任务之一是构建文明和谐的社会，以及倡导人与自然要和谐相处，这些都与古代"天人合一"的精神有一定的相似之处。但由于古代对自然认识的局限性、科学知识匮乏，因此古人对自然社会充满了敬畏，认为包括人在内的万事万物均来自"天"，人类必须完全听从、服从于"天"，不得违背"天意"。孟子与梁惠王辩论时就曾说到我们种植农作物应"不违农时"，应根据"天时"进行耕作。

老子曾提出"道法自然"的观点，孟子提出了"天时地利人和"，这些都表明了古代哲学家强调人与自然应和谐相处的观点。这些都为当今保护环境、维护生态平衡、可持续发展，以及建设美丽新中国提供了良好的思想基础。这些思想内涵不仅要求人类与大自然之间要和谐相处，也侧面体现出人与自身、与其他人之间也应该做到"和谐"。在古代社会，古人奉行仁爱诚信等处事原则，时刻自省慎独，严格规范自己的言谈举止，使自己成为德才兼备的"圣人"。老子倡导要"不争"，即告诫我们不要与别人争夺一些蝇头小利，而应时刻要设身处地为别人着想。时至今日我们仍提倡"和为贵""己所不欲勿施于人"。这些内容对当今时代的我们如何与别人保持良好的关系，以及建设生态文明提供了重要的理论依据，同时也成为高校思政教育的重要内容。

4. 崇德尚仁的人格精神

中国自古以来就很重视个人的道德修养，学者以德才兼备的"圣人"作为人生目标，并将"道德"视为区分人与禽兽的重要标志，认为"道德"是"人"成为人的基础，体现了古人对"至善""至美"的人格追求。"大学之道，在明明德。"儒家将发扬光明正大的品德作为教育目标。同时，历代君王重视道德教化，提倡以德治国，"以德服人者，中心悦而诚服""善政不如善教之得民"。这些都为我们当今社会提倡的"德治"与"法治"相结合提供了重要的启示。另一方面，孔子提倡人们应克制自己，对待别人要礼让，此为"仁"，在此基础上提出"仁爱"为核心的学说，他倡导人们应该互助互爱，对他人和长辈应尊重友爱。后来，孟子在此基础上发展为"仁政说"，将仁的学说与政治治理相结合，实行王道，改善民生，提倡以德服人。

与孟子的仁政学说相联系，儒家从人们生活实际需要出发，提出要重视民生，坚持以人为本的思想观点，不断满足人们的物质生活需要，进而对其进行礼乐教化，使民从善，进而国家政权得以稳固。李世民曾说："君，舟也；民，水也；水能载舟，亦能覆舟"。这些思想同我们当今时代所提倡的以人为本虽然有所差别，但与当今时代中国共产党的宗旨是一脉相承的。"实现人的自由而全面的发展"是马克思主义关于人的重要学说，我国在借鉴其科学理论基础上，进一步完善和发展了"以人为本"的思想。习近平总书记也多次提到，中国共产党要坚持以人民为中心、坚持人民当家做主。这些思想对于建构当代学生主体性、发挥其自觉性，以及促进其全面健康成长都具有很强的借鉴意义。

（三）优秀传统文化与高校思政教学融合的意义

中国古代的传统文化重视道德的养成，所以崇尚道德是当时社会的主要价值取向。儒家所认为的美好、理想的生活，是通过道德实践的生活。古代教育主要是道德教育和伦理教育，知识教育排在伦理教育之后，而德行品质成为古代教育的重要方面。古代儒学认为人生重要的是道德教化和修养人格，知识追求反而没有那么重要。

中华民族传统文化传承至今经历了五千年的历史长河，它是古人智慧的结晶。当下中华民族传统文化不仅没有与社会主义发展相悖而行，且对当今社会发展有着积极的作用。尤其是中华民族传统文化中的道德文化，它对于提升大学生思想道德素质水平有着重要的作用，是大学生思想道德培养中的一盏明灯。例如，传统道德文化中的道德规范、科学文学等。总而言之中国传统文华与高校思想政治教学融合有助于帮助大学生梳理正确的世界观、人生观、价值观。

1. 实现"三全"育人

中华优秀传统文化能够帮助思想政治教育实现"三全"育人。习近平总书记强调要教育引导学生正确认识世界和中国发展大势，从我们党探索中国特色社会主义历史发展和伟大实践中，认识和把握人类社会发展的历史必然性，认识和把握中国特色社会主义的历史必然性，不断树立为共产主义远大理想和中国特色社会主义共同理想奋斗的信念和信心。这就要求高校思想政治教育要培养大学生的历史发展眼光，从近代中国历史发展大势和世界历史大势中，探讨近代中国历史发展的必然规律、人类历史发展的必然规律。实现这样的目标，高校思想政治教育不能仅仅局限于课堂教学过程，不然教学效果就会大打折扣。要实现高校思想政治教育效果的最大化，必须实现思想政治教合全员育人、全过程育人和全方位育人，即思想政治教育的"三全"育人。

2. 极大地促进学术自由和精神自由

塑造学生独立的精神状态，教会学生掌握自我思考的思想和自由精神的方面，是高等教育的核心和关键。其担任着优化知识、开拓理智和真理的核心任务，其还包括精神独立和思维自由不受约束的精神。中华民族传统文化在学习的层次也很早就有学术自由的先例。

所以当面对大学思政教育时，能够利用、引用和掌握传统文化在学术中的许多行之有效的方式，整合交融于高校思政的相关教育的实施，来教育各个院校学生的自由进行学术研究和具备独立人格的精神。

（四）优秀传统文化与高校思政教学的融合策略

1. 推动高校"三大课堂"建设

（1）强化"第一课堂"，打造传统文化特色课程

课堂是大学生接受知识教育的主渠道，是大学生思想政治教育中开发与利用传统文化资源的重要场所。把优秀传统文化中的合理内容适度融入高校课程体系很有必要。高校必须开设优秀传统文化必修课，充分发挥课程育人的功能，强化构建课程育人体系。课程是高校开展思想政治教育工作的主要渠道，教材是重要的载体。不仅要将优秀传统文化编入教材，还要适当增加优秀传统文化在思政教材中的比重，根据高校自身实际情况与学生思想政治教育状况，有选择地吸收和学习优秀传统文化，完善思政课程体系，优化课程设置。

（2）依托"第二课堂"，开展优秀传统文化实践活动

高校要牢牢把握"知行合一"的内涵，充分发挥课堂与教材的作用，运用优秀传统文化资源开展实践教学活动，以此提高思想政治教育的有效性与学生对优秀传统文化认知程度。高校要拓宽优秀传统文化教育渠道，广泛利用社会资源，采取"请进来"与"走出去"相结合的方式来进行优秀传统文化教育，邀请知名学者来学校讲座与让学生走出学校实地参观考察结合。举办不同类型的文化展览，为大学生创设文化情景，带领学生感受优秀传统文化，积极组织优秀传统文化学习活动，以及建立传统文化社团组织，营造良好的文化氛围，实现高校思想政治教育形式的多样化，促进学生转变。

（3）建设"第三课堂"，优化基于优秀传统文化的网络平台

新媒体是在新的技术支撑体系下出现的媒体形态。新媒体的飞速发展为高校开展思想政治教育工作提供了新空间与新载体，网络成为优秀传统文化传播的主要工具，也是当今大学生获取信息、交流情感的重要手段。高校要运用新媒体技术，

优化优秀传统文化网络教育平台，推动思想政治工作传统优势与信息技术高度融合，加固网络思想政治教育重要阵地。爱国主义情怀、自强不息的进取精神、诚实守信的良好品格及谦逊有礼的处事要求等，都是优秀传统文化的丰富内涵。因此，我们要积极传播优秀传统文化，引导学生关注与认知中华优秀传统文化。

2. 提升高校教师综合素质与文化教育意识

（1）完善新媒体专业素养，合理利用新媒体平台资源

新媒体既给高校教学带来了机遇，也伴随着挑战。即使网络优质资源共享于教学，也要求教师具有完备的新媒介素养与信息技术应用能力。因此，在高校思想政治教育中，教师专业素养的提升尤为关键，对教学效率与效果会产生积极或消极的影响。教师阅历丰富，凭借个人魅力会潜移默化地影响学生思想与行为，使学生乐意接受教诲。高校教师要努力提高新媒体素养，参与、使用新媒体，对新媒体信息有正确地识别、理解能力，判断、质疑能力，提升自己运用新媒体开展工作的能力，以身作则，正确引导学生使用新媒体。

（2）重视线上课堂，创新师生互动交流模式

在思政课堂上，部分大学生对优秀传统文化兴趣不高、态度不是很积极。教育工作者要处理好"教"与"学"的关系，尊重大学生的主体地位，采取大学生乐于接受的方式。基于大学生更喜欢网上交流而非面对面沟通，教师可以合理利用新媒体，适时创建优秀传统文化线上课堂，在网上与学生互动交流，构建网络环境下的大学生和高校教师关系。以学生喜闻乐见的方式开展优秀传统文化教育，为提升大学生的文化素养打造更加畅通的平台，这也是新媒体时代人们的共同目标和理想追求。

（3）注重基于优秀传统文化的思政教学研究

中华传统文化源远流长、博大精深，教师只有自己真正了解优秀传统文化的内涵，才有可能在授课时旁征博引，将课程讲得出彩，激发学生学习的积极性。思想政治教育工作者必须把握优秀传统文化的思想内涵，最大限度地发挥其思政教育作用。高校要高度重视教师的理论文化学习，开展传统文化交流和研讨的教学活动，设置相关研究项目与经费，加大思想政治教育工作者深入研究优秀传统文化的动力，实现优秀传统文化与思想政治教育深度融合，进一步提高高校思想政治教育质量。

3. 优化创新传统文化教育的新方式

信息科学的发展日新月异，因特网、模拟和数字信号、智能手机等占据了人们平时的生活，同时也成为平时学习和沟通交流的重要途径和方式。互联网逐渐变成学生搜集资源和学术的速度最快、最方便有效的通道和措施，使得大学生的自我提升、平时的生活，甚至是精神框架都具有普遍而意义深远的作用。

大学应持续地创新传统文化教育的进程和渠道，增设网络教育，最大限度地发挥网络的核心影响，利用建设以网络为核心的传统文化培养区块，为大量的学生可以完整地进行思政教育提供极大便利。现在，为数众多的大学都建设了自己的网站，以此为契机，能够利用优化传统文化发扬渠道，把大量理论转化为音频和视频等富有感染力的渠道提供给学生来学习，使学生能感受到传统文化的核心能量。校园网站的创建，不单单减少了学生和老师之间的隔阂，让学生耳濡目染地接受学习内容，同时可以有方向性地对学生日常生活中所发现的疑难杂症逐一讲解，对学生精神层面完成有针对性的引导。所以，思想教育老师需要认真地学习网络科学，对大学生进行多角度的教育和引领，同时对网络资源完成详尽地审查，为更多学生增设更加行之有效的思政教育方式。

4. 促进思想政治教师人才的自我修养

教师必须要主张坚定的政治方向，促进思想道德的建设和教育，推进国家和社会使命感的形成，完成大学生自由生活和成长的方向标和指路牌。所以，改良大学思政教师人才培养和建设是必不可少的。

然而，从现在的发展方向来判断，在大学思政教师人才的引进和相关后期建设的流程中，许多教师没有相对应的职业道德和自身素质层面的修养资格，也无法将足够的时间投身自己的事业，自身对中国传统文化都知之甚少，导致在课堂期间得过且过。如此发展，使得大学思政课的教学成效甚微，无法展现本科目当初设立的初衷和最终课程效果。

5. 教师深入学习，加强传统文化与教学内容的结合

教师要想将新时代思想道德建设与传统文化进行结合，不仅要对此专业知识有充分的研究，也要对传统文化进行深入学习和实践。一方面，教师通过深入学习，内化传统文化，能够得到自身道德修养的加强和行为表现的变化，进而潜移默化地影响学生的道德发展。另一方面，通过学习内化传统文化，能够将优质的教学理念和儒雅的学者风气引入课堂，提升学生的体验感和代入感。教师在高校思政教学中融入传统文化，能够做到"两手抓"，让学生从传统优秀文化思想与现代

先进道德观念两方面得到思想的熏陶。因此，树立高校学生正确的道德观，促进以德立人的教学发展，就要充分了解传统文化，加强传统文化与课堂内容的结合。

三、高校思想政治教育采取生活化的教学方式

（一）彰显教学内容的生活性

教学内容包含教育者传递的理论知识和教育思想，如何更好地让学生理解理论知识并接受教育？选取贴近生活，融入学生生活经历的教育素材至关重要。

第一，选取具有生活性的教育素材。生活是具体的，不是抽象的，也不是悬挂在空中触不可及的。思想政治教育是做人的教育，必须选取生活中真实的、客观的、可靠的教育素材，虚假的、不合时宜的素材只能取得适得其反的效果。因此教育者在选择教育素材时应做到"因事而化"，即要与学生生活中发生的大事、小事相联系；"因时而进"，即要与生活"现时"相呼应，教育素材应与时俱进，反映时代发展特色；明确现代生活发展趋势，选择富有时代内涵的教育素材。教育者在生活中要有一双发现教育素材的"慧眼"，善于发现生活中不断发生的"大事"和"小事"，在教育过程中要精心挑选与教学内容或学生生活相关的热点事件、生活故事，找准切入点，注重与教学内容的契合性，以及对学生教育的针对性，将故事与理论相融合进行教学。教育者在教育过程中，要设置与生活相关的议题，创设与生活相关的情境，注意话语的趣味性、亲和力及学生的接受程度，运用生活中众所周知、耳熟能详、贴近学生的话语对教学内容进行阐释，提高教学的艺术性、趣味性，使学生倍感亲切，从而深化认知，转化行为。

第二，在教学中融入学生生活经历。对于新时代大学生来说，谁讲不重要，更重要的是讲什么。所以教育者应多关注学生经历，在教学过程中"投其所好"，充分调动学生学习的积极性，引导学生把生活中遇到的人、事、困惑与喜悦在课堂中进行展示和分享，并结合所讲内容与其困惑和喜悦相结合，解学生之所忧、之所困，那么思想政治教育就可以直抵学生内心最深处，不仅符合学生的"口味"，还可以取得良好教育效果。学生经过多年的生活和学习，在头脑中形成了自己的知识结构，这些已有的认知对于学生学习新知识的影响不言而喻。如果新学习的知识和大脑中已有的知识相近，那么学生的学习速度就会加快，否则，则相反。所以教育者在教学过程中，一定要通过多种途径、多方面地了解学生已有的认知、需求和生活经历，在教学过程中融入相应的生活元素，在教授新知识时尽可能多地考虑学生头脑中已有的认知，利用学生头脑中已有的认知同化新知识，使学生

更好地学会新知识并在生活中运用新知识。

（二）教学方式要融入现实生活

1. 注重社会实践育人方式

学生的发展是全面的发展，仅仅在课堂中对学生进行教育，满足不了新时代大学生全面发展的需要，而且也难以满足新时代对大学生提出的新要求。实践是理论之源，一些知识和理论需要学生去亲身体验，以获得真正意义上的理解，并指导自身实践，这就要求教育者应注重社会实践的育人性。

第一，注重社会实践的育人性，改变传统课堂"孤岛"式教学。从纵向来看，社会是学生最终的"归宿"，从人生的发展阶段来说，学生的学校生活仅仅是人生的一个阶段。然而人并不是只有在学生时期需要教育，人生的不同阶段都需要教育，而且其内容由于成长阶段而不同，对人的教育是一个终生的过程，那么这个教育的课堂就是社会这所大学校。从横向来看，对学生的思想教育不能只在校园内进行，也要在校园之外开展，不能使学生成为在校园之内是道德的人，校园之外就是无道德的人。所以转变教育方式，引导学生进行社会实践是非常必要的。

第二，注重社会实践的育人性，改变传统"知识性"教学。学生的发展是整体的、全面的发展，学生全面发展的前提是掌握一定的知识，除书本知识外，生活实践中体验感悟到的知识同样也是学生全面发展不可或缺的一部分，且通过实践获得的知识更具"实战性"。如果回想人类最初的思想道德教育，毫无疑问都是在生活、生产中开展的。学生思想的改变需要一个过程，不是45分钟就可以实现的，而且这个改变需要课上课下协同进行。教材中学到的关于道德教育的知识，是普遍且具有共通性的，而社会生活中有些道德教育知识是"搬"不到教材中去的，是教育者说出来，但是学生不一定真正能够深刻领悟到的，需要学生必须亲身体验才能体会、感悟出来。因此，教育者必须创新教学方式，引导学生在生活中进行实践、体验、感悟，使学生"游离"在"科学世界"和"生活世界"中，做一个全面发展的人。

2. 合理使用生活化教学方式

新时代大学生思想变化是多样的，传统的育人方式难以吸引学生的注意力、调动学生的"胃口"，必须采取富有吸引力和针对性的育人方式来改善学生的思想。情境育人法和心理咨询育人是高校创新思想政治教育教学方式，且富有成效的重要方法。

第一，注重运用情境教学法。知识不能脱离情境而单独存在，情境教学就是教育者在教育过程中，采取的情境再现的方式，将生活中发生的与教学内容相关的场景，通过多媒体或学生表演的形式再现出来。也可以将具有教育意义的故事"搬"进课堂，这样对学生的教育是直接的，但是无论采取什么样的形式，其目的就是让学生在感受真实生活世界的过程中，以一种"独特"的且学生非常熟悉的方式来"反观"生活，引发学生的思考，提高育人效果。第二，注重运用心理咨询法育人。现如今大学生的就业等各种压力纷至沓来，对学生的影响可能不仅只是思想上的，心理上的障碍也是有可能产生的。所以我们应"双管齐下"，教育者可"另辟蹊径"帮助学生理性看待自己，辅助解决学生思想上的问题，促其全面发展。

（三）学校管理方式要贴近现实生活

学校对大学生和高校教师的考评方式和考核标准，对大学生和高校教师的导向作用是巨大的，直接影响大学生和高校教师工作和学习的"着力点"。所以学校必须从大学生和高校教师的现实生活和实际需求出发，来完善对大学生和高校教师的考核评价机制，为大学生和高校教师提供有针对性的工作和学习导向。除此之外，学生每天所处的校园环境，发挥着隐性教育的作用，因此学校必须重视校园环境的育人作用，发挥其隐性育人功能。

1. 改进考核评价机制

学生是活生生的个体，对学生的考评应改变传统的、单一的以"分数论英雄"的考评方式，倡导多样化考评方式和标准；对教育者应调整和完善教师考核方案，形成多层次、多样化的考核体系，找到二者之间的平衡点。

第一，优化对学生的考评方式，倡导多样化考评标准。对学生考核评价应采取多样化的方式，从而对学生有一个全面的、全方位的了解，同时也可以改善学生对分数的过分追求。

当前学生的考核评价仍以考试为主，如果一时难以改变这种评价方式，我们可以转变思想，更新理念改变考试内容，围绕学生的实际生活设置适当的题目，例如多出现生活中的案例，使育人和考试"相向而行"，实现考试和育人"两不误"。要注重对学生的过程性考核，关注过程性"动态"考核方式，引导学生参加志愿者等社会性公益性活动，在此过程中观察其思想和行为的变化情况，通过观察考核学生的实践和合作能力等。要实现评价主体多元化，当前对学生的考评只是通过考试和社会实践等评价，且考评者仅是教育者，这是单方面的，难以做到对学生的全面考评，我们可以探索除考试和实践之外的其他考评方式。例如同学同伴群体之间互评，他们之间每天朝夕相处，互相"知根知底"，对彼此在生活中的表现了如指掌。同时还可以在教育者的引导下进行自我评价，虽然这种评价可能会出现"虚假"情况，但是学生在经过"扪心自问"这个"痛苦"的过程之后，对学生的思想定会有所冲击。总之，无论采取哪种评价方式，一定要形成考评合力，并且要健全考评结果的反馈机制，总结考评经验，从而制订更加有效的考评方案，更好地发挥考核标准的导向作用。

第二，调整教师考核评价导向。教师的考核内容决定着教育者将主要精力用在哪些方面，为此可以将生活教育理念作为培训的重要内容和主要方面，引导教师在教学方式和教学内容方面上下功夫，在考评时注重对高校教师教育理念、教学方式和教学内容生活化方面的考评。同时将是否关注学生的思想状况，是否选取"接地气"的教育素材，是否制订贴近学生实际的教学目标等作为考核内容，发挥学生评价的反馈作用。

2. 发挥学校环境的隐性育人功能

学校必须重视校园环境的育人作用，物质环境和文化环境同等重要。注重校园物质环境的育人性。校园物质环境是"有形"的，学生可以看得见摸得着。除了注重校园建筑等"大型"环境的育人性，还应关注校园"小型"环境的育人性，诸如在食堂、水龙头、图书馆等张贴相关育人标语，这些看似"不起眼"的标语，对学生思想的影响却是无声的。图书馆是学生学习的"主阵地"，教学楼是传授知识的主要场所，可以在图书馆和教学楼等主要场所摆设一些雕塑、名人画像等具有文化底蕴的物件，将没有生命的建筑赋予"生命"和"灵性"，这样可以对学生的教育达到事半功倍的效果。除此之外，食堂、宿舍和图书馆等的工作人员"时刻"陪伴在学生的校园生活中，他们的言行或多或少地会影响学生的思想，如果他们素质既高又能够尽心尽力做好本职工作，那么对学生思想的影响可想而知。所以，学校对他们应做到定期培训，以提高他们的整体素质，发挥他们服务育人的作用。

参考文献

[1] 苏醒. 新时代高校网络育人体系构建研究 [J]. 黄山学院学报, 2019, 21（2）：88-91.

[2] 王丽娟. 以"课程思政"为抓手，构建"纵向推进，横向融合"的立体协同育人体系 [J]. 绵阳师范学院学报, 2019, 38（7）：41-44；50.

[3] 丁宏, 寇玉达. 新思政观引领下的高校"一体化"心理育人体系构建研究 [J]. 黑龙江教育（理论与实践）, 2019（Z2）：59-61.

[4] 杨道建. 新时代高校三全育人理论与实践 [M]. 镇江：江苏大学出版社, 2021.

[5] 王平. 高校法学专业"三全育人"探索与实践 [M]. 北京：知识产权出版社, 2020.

[6] 张伟宏. 新时代高校"三全育人"机制研究 [M]. 长春：吉林大学出版社, 2019.

[7] 沈小雯. 高校思政课程与课程思政协同育人探析 [J]. 河南广播电视大学学报, 2020, 33（4）：63-67.

[8] 张宏. 高校课程思政协同育人效应的困境、要素与路径 [J]. 国家教育行政学院学报, 2020（10）：31-36.

[9] 程兰华, 张文. 西部高校思政协同育人机制构建研究 [J]. 牡丹江教育学院学报, 2020（9）：46-49.

[10] 侯平安. 优秀传统文化与高校思想政治教育 [J]. 运城学院学报, 2017, 35（6）：69-73.

[11] 李刚. 儒家文化融入高校思想政治理论课教学研究 [D]. 南昌：江西财经大学, 2016.

[12] 王思远. 先秦儒家伦理道德观在高校思想政治教育中的应用 [D]. 哈尔滨：东北农业大学，2013.

[13] 柳叶，胡佳杰，张胜威. 自然科学课程思政的教学探索——以微生物学为例 [J]. 微生物学通报，2020，47（4）：1168-1177.

[14] 龙卫兵. 新时代高校思政课教学话语体系构建的基本内容与创新策略 [J]. 北京印刷学院学报，2019，27（S1）：101-104.

[15] 郑文杰. 文化多元化背景下高校思政教学改革之探析 [J]. 智库时代，2019（51）：203-204.

[16] 贾菲. 论"互联网+"时代高校思政课教学改革面临的机遇与挑战 [J]. 文化创新比较研究，2019，3（34）：152-153.

[17] 赵婷，顾晓芬，王秀梅. 大数据时代下的高校思政教学改革探析 [J]. 当代教育实践与教学研究，2019（13）：26-27.

[18] 严伶俐，马丽，梁俊. "互联网+"高校院校网络思政育人体系探究 [J]. 现代交际，2020（23）：31-33.

[19] 李娟. 高校思政教育合力育人体系的构建 [J]. 人才资源开发，2021，（05）：44-45.

[20] 吕宁. 高校"思政课程"与"课程思政"协同育人的思路探析 [J]. 大学教育，2018，（1）：122-124.

[21] 杨涵. 从"思政课程"到"课程思政"——论上海高校思想政治理论课改革的切入点 [J]. 扬州大学学报（高教研究版），2018，22（2）：98-104.

[22] 曹良韬，吴春莺. 构建高校思政网络育人体系研究 [J]. 知与行，2018（4）：84-88.

[23] 白雪源，韩春红，沈晔. 全员、全过程、全方位育人的平台和机制建设研究 [J]. 思想政治课研究，2018（3）：6-10.

[24] 李婷婷，李宏新，段树斌. 基于OBE教育理念下的高校院校思想政治教育实践育人体系研究 [J]. 国际公关，2020（10）：68-69.

[25] 白玉. 新时代高校思想政治教育立德树人使命研究 [D]. 西安：陕西科技大学，2020.

[26] 孙汝兵. 广西高校课程思政育人机制研究 [D]. 桂林：桂林理工大学，2020.

[27] 田靖. 试论高校院校构建思政协同育人格局的必要性及措施 [J]. 佳木斯职业学院学报，2020，36（5）：197-198；200.

[28] 蔡静，张艳. 高校思政课程与课程思政协同育人模式探析 [J]. 兰州文理学院学报（社会科学版），2020，36（3）：35-39.

[29] 庄蕾. 新时代高校意识形态安全研究 [D]. 沈阳：辽宁大学，2020.

[30] 赵岩，周伟. 构建课程思政协同育人机制的思考探究 [J]. 中国多媒体与网络教学学报（上旬刊），2020（04）：80-81.